水手值班与工艺

主　审：赵　磊

主　编：臧恒源　杨森荣

副主编：解　元　李良修

参　编：李　欣　陈　帅　臧　婷　吴芸杰

　　　　秦　婉　高　亮　唐　婧　初笑宇

　　　　武　银　尹怀收　田相成　张福军

　　　　孙　然　崔荣超　张　斌　王圣莲

　　　　吕　坤　高瑞杰　马海青　刘春秀

　　　　宗永刚　胡　彦　台静静　姜霏霏

中国海洋大学出版社

·青岛·

图书在版编目（CIP）数据

水手值班与工艺/臧恒源，杨森荣主编. -- 青岛：
中国海洋大学出版社，2023.8

ISBN 978-7-5670-3582-9

Ⅰ.①水… Ⅱ.①臧…②杨… Ⅲ.①海员－资格考
试－教材 Ⅳ.①U676.2

中国国家版本馆CIP数据核字（2023）第154424号

水手值班与工艺

SHUISHOU ZHIBAN YU GONGYI

出版发行	中国海洋大学出版社		
社　　址	青岛市香港东路23号	邮政编码	266071
出 版 人	刘文菁		
网　　址	http://pub.ouc.edu.cn		
订购电话	0532-82032573（传真）		
责任编辑	邹伟真　刘　琳	电　　话	0532-85902533
印　　制	日照日报印务中心		
版　　次	2023年8月第1版		
印　　次	2023年8月第1次印刷		
成品尺寸	170 mm × 240 mm		
印　　张	6		
字　　数	117千		
印　　数	1～1 100		
定　　价	42.00元		

发现印装质量问题,请致电0633-2298958，由印刷厂负责调换。

前 言

为了更好地履行修订的《STCW公约马尼拉修正案》和交通运输部颁布的《中华人民共和国海船船员适任考试和发证规则》,进一步提高船员素质,使学员更好地掌握专业知识与技能,强化对《海船船员适任考试大纲》中要求内容的理解,从容应对海事局适任评估考试,我们组织航海技术专业任课教师认真领会《海船船员适任考试大纲》的要求,在吸取学院航海教研室多年教学和培训经验的基础上,结合船员岗位实际工作需要,编写了《水手值班与工艺》。

本书符合《海船船员适任考试大纲》要求,以船舶实际工作中的典型任务为出发点,系统、全面地对任务进行分析讲解,适用于航海类专业学生参加适任评估考试学习使用。本书以行动为导向、以任务为引导,重点突出、图文并茂、通俗易懂,便于学生学习掌握。

本书在编写过程中参阅、引用了相关文献资料,在此一并对其作者致以衷心的感谢。

由于编者水平有限,书中的不足之处在所难免,恳请读者批评指正,使之日臻完善。

编　者
2022年1月

目 录 CONTENTS

水 手 值 班

习近平总书记在党的二十大报告中指出,"育人的根本在于立德。全面贯彻党的教育方针,落实立德树人根本任务,培养良好的职业道德,树立正确的职业思想(意识),养成良好的职业行为习惯,掌握过硬的职业技能,培养德智体美劳全面发展的社会主义建设者和接班人。"

任务一　瞭望

一、任务内容

(一)瞭望的定义

对于瞭望(Look-out)的解释在 1972 年《国际海上避碰规则》(以下简称《规则》)的第五条中得到体现:"每一船在任何时候都应使用视觉、听觉以及适合当时环境和情况的一切有效的手段保持正规的瞭望,以便对局面和碰撞危险作出充分的估计。"从避碰的意义上说,瞭望主要指对船舶周围的环境和情况进行观察、了解、判断。为了更直观、形象地理解"瞭望"这一词的含义,可用图 1-1 加以说明。

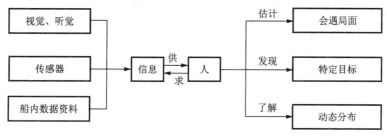

图 1-1 瞭望含义

由图 1-1 可以了解下列各项内容。

(1)本船及周围的信息通过视觉、听觉传感器(即各种航海仪器设备)以及船内数据资料等获得。

（2）整个瞭望过程，瞭望人员始终处于主导地位，所有收集到的信息都要反映给驾驶员。

（3）瞭望人员与信息之间可认为是一种供求关系。当信息充分时，瞭望人员可以作出判断或得出结论；当信息不充分时，瞭望人员应再次去收集所需的信息。

（4）瞭望的目的是估计会遇局面、发现特定目标、了解动态分布，从而避免碰撞事故的发生。

据有关部门对海难事故的统计表明，很多事故的发生是由人为错误造成的。这其中就包括部分海员在船舶航行中不重视正规瞭望、麻痹大意的错误思想。海员对瞭望的疏忽随时都有可能带来生命和财产的损失。"安全第一，预防为主"，生命财产安全是大事，生产必须安全，安全为了生产。因此，为了真正确保船舶在海上能安全航行，每位船员都应重视安全工作，重视正规瞭望。

保持正规瞭望可认为是瞭望人员保持对船舶周围环境和各种情况进行正规的观察和鉴别行动，并使这一行为处于连续的状态，对局面和碰撞危险作出充分估计。保持正规瞭望的主要内容包括以下几点。

（1）利用视觉、听觉及所有其他可用的方法对当时环境的情况保持连续戒备的状态，并及早发现或察觉其变化。

（2）充分估计碰撞、搁浅和其他危害航行安全的危险。

（3）寻找遇难的船舶和飞机、船舶遇难人员、沉船残骸和其他危害航行安全的物体。

（二）瞭望人员职责

应使用一切可以利用的手段，包括但不限于视觉、听力和仪器（如雷达、APRA、AIS、VHF）等，以保持正规有效的瞭望。

瞭望人员与当值驾驶员保持有效的信息沟通，应确认信息传递的畅通和闭环。及时以航角或罗经点报告来船灯光、声号及其他物体的方位。遇险信号要立即报告给值班驾驶员或船长。当驾驶员进入海图室做海图作业时，如果发现来船要及时报告驾驶员。如有任何疑问应立即报告驾驶员。

瞭望人员在瞭望期间应考虑到灯光、能见度条件的改变、通航密度、来自岸上背影亮光对瞭望和判断的影响等。

瞭望人员不得承担可能妨碍其瞭望的其他任务。

（三）掌握运用各种方法进行正规瞭望

1. 视觉瞭望

视觉瞭望是最基本的瞭望手段，是用人的眼睛直接去观察周围存在的一切可见物，且有直接性、快速性等优点。海上避碰规则将其列为在任何情况下均应保持的瞭望手段。通常利用视觉由远及近、从前至后、由右舷到左舷,对本船周围的海域进行仔细观察,如发现来船或其他目标物,应立即报告值班人员。尽速判明该船的类别、动态与本船构成的局面,是否存在碰撞危险,并应注意它可能发出的视觉信号。

在使用视觉瞭望时,应注意以下几点。

(1)应特别注意因遮蔽物而产生的视觉盲角和狭水道内或渔区等复杂水域中不开灯的小船及灯光被遮蔽的帆船。

(2)积极地使用望远镜协助进行局部瞭望。

(3)在进行视觉瞭望时,一般先整体后局部,而后对可能构成危险的目标进行仔细认真的观察。

(4)晴朗的白天瞭望,要防止麻痹思想。有强光影响视力时可戴滤光镜。

(5)夜间瞭望要保持"夜眼",防止眼睛从灯光处移到暗处时出现眼花或不适应的现象。

(6)瞭望人员应注意不要站在妨碍驾驶员、引航员或船长工作的位置。

(7)夜间航行,应至少有一名水手协助驾驶员值班。

2. 听觉瞭望

《规则》亦将其列为在任意情况下均应保持的瞭望手段。听觉瞭望主要用以监听海面声响。互见中避让时,应注意守听他船发出的操纵和警告信号,能见度不良时,打开驾驶门窗,在驾驶台两翼甲板进行瞭望,守听他船的雾号。

应注意的是,在雾中听到他船的雾号,而没有看到他船时,雾号仅表明附近有他船存在,绝不能将雾号传来的方向作为转向避让的依据。因为,声波在雾中传播受不同密度或不同高度的雾层影响会产生折射,故其方向不可靠。此外,即使没有听到雾号,并不表明附近没有其他船舶,因为雾层会使声波衰减,逆风时也会使雾号船舶距离变小,因此应予充分的注意。

3. 雷达瞭望

在雷达已十分普及的今天,雷达瞭望已成为能见度不良时的主要手段,但这种瞭望手段在互见中也应予以使用,特别是"在适当的时候和遇到或料到视程受到限制时,以及在拥挤的全部时间里"。

在使用雷达进行瞭望时,除应了解雷达设备的特性、效率和局限性,以及海况、天气和其他干扰对雷达探测的影响外,还应予以正确使用,诸如进行远、近距离扫描,对探测到的物标进行雷达标绘或与之相当的系统观察,以便对局面和碰撞危险作出充分的估计。

4. VHF 无线电话

VHF 无线电话在避碰中的应用已越来越受到重视。利用这种方法,与他船或岸基雷达监控站及船舶交通管理中心进行通信练习,了解周围船舶的动态、协调两船间的避让行动,已成为保持正规瞭望的一种新型而有效的手段。如不能予以正确运用,也将被认为是对瞭望的一种疏忽。

5. 其他瞭望手段

除上述主要手段外,瞭望时还可使用望远镜、嗅觉、ARPA、AIS 等;还应考虑适合当时环境和情况下,便于他船瞭望的行动。

以上方法均是保持正规瞭望的有效手段。能否达到瞭望的目的,取决于能否根据当时的环境和情况及各种瞭望手段的不同特点,予以合理的使用,并将其有机地结合起来。

另外,舵工在操舵时不应视为瞭望人员,除非某些小船操舵位置周围不影响瞭望。

(四)瞭望人员交接的主要内容

(1)所有看到并已报告的物标。

(2)看到还没有报告的物标。

(3)过去和现在的天气情况。

(4)瞭望时应注意的问题。

(5)航行灯的状态。

(五)值班瞭头制度

在能见度不良的情况下,或船舶航行在通航密度大的狭水道、运河及在港内航行时,或船长认为必要时,为了航行安全,都应有人在船头加强守听、瞭望,简称为派瞭头。

瞭头由水手长、木匠、水手轮流担任,名单由水手长编排,经大副同意后实行。能见度不良时,瞭头一般由二水轮流担任,每 2 小时为一更,一更 1 人。

瞭头的主要任务是注视船头方向及左右两舷的海面情况(灯光、声音、回声、陆地、漂浮物及其他航行障碍物等),或者用耳辨听四周情况,若听到其他音响、回声应立即报告驾驶台;瞭头还应兼顾本船航行灯是否正常。夜间瞭头时,瞭头人员应备有手提探照灯,以便适时探扫海面,了解情况,供驾驶台及时采取正确的避让措施。

瞭头开始值班前,驾驶台应将当时航区情况及注意事项交代清楚。

瞭头应在船头坚守岗位,全神贯注进行观察,发现情况及时正确地用电话或无线电对讲机向驾驶台报告,也可以用敲钟方法引起驾驶台注意,有情况在右前方敲一下,在左前方敲两下,在正前方敲三下,此时驾驶台用口哨或手电闪光回答,表示已经听到。

瞭头人员如发现情况,应用有效的手段及时报告驾驶台;值班驾驶员通过助航仪器观察到的目标,也应通知瞭头人员注意。

未经船长或值班驾驶员同意,瞭头人员不得擅离岗位。

瞭头的交接班应在船头进行,交班者必须向接班者讲清当时海面情况及驾驶员交代事项,交代完毕后应向驾驶台报告,得到同意后方可离去。

二、简答题

1. 瞭望的定义和目的是什么?

2. 正规瞭望的方式有哪些?

3. 最基本的瞭望手段是什么?

4. 能见度不良时最有效的瞭望手段是什么?

答案:

1. 每一船在任何时候都应使用视觉、听觉以及适合当时环境和情况的一切有效的手段保持正规的瞭望,以便对局面和碰撞危险作出充分的估计。

2. 应使用一切可以利用的手段,包括但不限于视觉、听力和仪器(如雷达、APRA、AIS、VHF)等,以保持正规有效的瞭望。

3. 视觉瞭望。

4. 雷达瞭望。

三、练习题

1. 当班水手应协助驾驶员对海面情况进行不间断的瞭望,在驾驶员进行海图作业时应_____。

　　A. 协助驾驶员定船位

　　B. 加倍警惕瞭望,发现问题及时报告

　　C. 回到舵机跟前,准备操舵

2. _____是保持正规瞭望最基本的和最主要的手段。

　　A. 听觉　　　　　　　　B. 视觉　　　　　　　　C. 雷达

3. 下列_____观点是不正确的。

　　A. 当驾驶台有了瞭望人员,瞭头的协助作用较小

　　B. 船长认为必要时可以派水手担任瞭头

　　C. 为了航行安全,能见度不良时,不分昼夜均派水手担任瞭头

4. 关于保持正规瞭望,其主要内容表述不正确的是_____。

　　A. 利用视觉、听觉及所有其他可用的方法对当时环境和情况保持连续戒备的状态,并及早发现或察觉它的变化

　　B. 充分估计到碰撞、搁浅和其他危害航行安全的局面和危险

　　C. 在大风浪中航行时,为节省航行时间,可以不必寻找遇难的船舶和飞机、船舶遇难人员、沉船残骸和其他危害航行安全的物体

5. 虽然雷达现在已十分普及,但是雷达瞭望还是不能作为能见度不良时的主要手段。 （　　）

    A. 对   B. 错

6. 瞭头的交接班应在船头进行,交替者必须向接班者讲清当时海面情况及驾驶员交代事项,交代完毕后应向驾驶台报告,得到同意后方可离去。 （　　）

    A. 对   B. 错

7. 每一艘船舶应经常用视觉、听觉以及适合当时环境和情况下一切有效的手段保持正规的瞭望,以便对局面和碰撞危险做出充分的估计。 （　　）

    A. 对   B. 错

8. 瞭望人员不得承担可能妨碍其瞭望的其他任务。 （　　）

    A. 对   B. 错

9. 下列有关水手的瞭望职责表述不正确的或欠妥的是_____。

    A. 应使用一切可以利用的手段,主要是视觉手段,以保持规则有效的瞭望

    B. 瞭望人员应与值班驾驶员保持有效的信息沟通,应确认信息传递的畅通和闭环

    C. 瞭望人员在瞭望期间应考虑到灯光、能见度条件的改变、通航密度、来自岸上背景亮光对瞭望和判断的影响

10. 值班水手瞭望中发觉异常情况,应立即_____。

    A. 自行采取行动   B. 报告值班驾驶员   C. 报告船长

11. 瞭望的手段有_____。① 视觉　② 听力　③ 仪器(如雷达、ARPA、AIS、VHF)

    A. ①   B. ①②   C. ①②③

12. 瞭望人员应及时以舷角或航向报告来船灯光、声号及其他物体的方位。 （　　）

    A. 对   B. 错

13. 夜间航行,应至少保持一名水手协助驾驶员值班。 （　　）

    A. 对   B. 错

14. 舵工在操舵时必须兼做瞭望人员、协助瞭望。 （　　）

    A. 对   B. 错

15. 值班水手在驾驶台值班期间,除操舵以外还应该协助驾驶员_____。

    A. 定位   B. 海图作业   C. 瞭望

16. 为保持正规瞭望,值班人员的正确做法是_____。

    A. 保持不间断瞭望   B. 来回走动消除盲角   C. 以上全对

17. 值班水手在能见度不良的情况下瞭望,不正确的做法是_____。

A. 为保持安静可关闭驾驶台门窗

B. 打开驾驶台门窗，瞭望人员应特别注意在驾驶台两翼甲板进行瞭望

C. 要特别注意灯光微弱和不点灯的小船

18. 航行中什么情况下需派瞭头？   （   ）

A. 在船舶航行密集的水域

B. 接近陆地或狭水道航行时

C. 以上都对

19. 航行中派人瞭望，每个班的时间是_____。

A. 1 小时   B. 2 小时   C. 3 小时

20. 水手瞭望的主要任务是_____。

A. 及时发现灯光、船只、漂浮物

B. 听到音响、回声应及时向驾驶台报告

C. 以上答案都对

21. 瞭头人员交接班时应做到_____。

A. 在岗位上交接班

B. 将海上情况及驾驶台的指示交代清楚

C. 以上都对

22. 有关瞭望，下列观点不正确的是_____。

A. 夜间通向航行时，尾灯有可能不易发现

B. 要特别注意孤立的礁石和漂浮物

C. 当没有发现任何船只时，就证明周围没有船

23. 下列观点正确的是_____。

A. 发现了他船证明他船一定发现本船

B. 值班水手在瞭望中发现船舶时，不必判断其动向只需向驾驶员报告

C. 做到早发现早判断早报告

24. 瞭望人员发现正前方有情况可以用号钟_____报告驾驶台。

A. 敲 2 下   B. 敲 3 下   C. 敲乱钟一分钟

25. 航行中瞭望人员应该注意到_____。

A. 货舱货物的情况

B. 船舶的防火情况

C. 本船正横以后的海面情况

26. 值班水手瞭望中发现异常情况下应立即_____。

A. 采取操车、操舵行为   B. 报告船长

C. 报告值班驾驶员   D. 弄明情况

27. 瞭望的目的是_____。

    A. 及早发现他船   B. 了解他船种类、大小、动态

    C. 判断局面碰撞危险避让关系   D. 都是

28. 当有瞭头时,驾驶台的瞭望_____。

    A. 不应该削弱   B. 可以不要   C. 只安排驾驶员到船头

29. 下列_____观点是不正确的。

    A. 为了航行安全,能见度不良时,不分昼夜均派水手担任瞭头

    B. 船长认为必要时可以派水手担任瞭头

    C. 驾驶台有瞭望人员,瞭头的协助较小

    D. 瞭头每 2 小时一班

30. 下列_____不是瞭头人员的职责。

    A. 听响声同声报告驾驶台

    B. 发现前方及两侧灯光报告驾驶台

    C. 应注意本船航行灯是否正常

    D. 定时巡视全船

31. 瞭头人员交接班必须在_____进行。

    A. 岗位上   B. 驾驶台上

    C. 任何地方   D. 水手值班室

32. 下列_____是不正确的。

    A. 船上人员较少时,木匠、水手长也应参加轮值瞭头班

    B. 未经船长或驾驶员的同意,瞭头人员不得擅离岗位

    C. 如船头大量上浪,瞭头人员执行任务有困难时可自行到驾驶台两侧瞭望

    D. 瞭头人员发现任何异常情况均应立即报告驾驶台

任务二 号灯、号型、灯光和灯光信号

一、任务内容

(一) 号灯和号型

本部分内容条款按考试大纲节选自《规划》。

第二十条 适用范围

1. 本章条款在各种天气中都应遵守。

2. 有关号灯的各条规定,从日没到日出时都应遵守。在此时间内不应显示别的灯光,但那些不会被误认为本规则条款订明的号灯,或者不会削弱号灯的

能见距离或显著特性，或者不会妨碍正规瞭望的灯光除外。（注：在晨昏蒙影的情况下，号灯、号型可同时显示。）

3.本规则条款所规定的号灯，如已设置，也应在能见度不良的情况下从日出到日没时显示，并可在一切其他认为必要的情况下显示。

4.有关号型的各条规定，在白天都应遵守。

5.本规则条款订明的号灯和号型，应符合本规则附录一的规定。

注：

1.遵守规定

（1）在各种天气中均能遵守有关号灯和号型的各项规定。

（2）任何损坏或熄灭，应及时进行修复或替换。

（3）为紧急情况备用的号灯应妥善存放并保持随时可用。

（4）值班人员应经常检查本船的号灯号型显示情况。

2.不应显示的灯光

（1）会被误认为《规则》规定的号灯。

（2）会削弱号灯的能见距离或显著特性的灯光。

（3）会妨碍正规瞭望的灯光。

"不应显示别的灯光"包括：甲板照明灯、舱室照明灯光的外泄、海图室照明灯或过亮仪表指示灯等。

3.显示号灯的时间

（1）从日没到日出（不反对从日出到日没显示）。

（2）能见度不良的白天。

（3）其他认为必要的情况下（如能见度不良的水域附近或低云层较暗的情况）。

4.号型显示的时间

规则所指"白天"的含义如下。

（1）从日出到日没。

（2）日出前和日没后的晨昏蒙影时间。

5.同时显示号灯和号型的时间

（1）能见度不良的白天。

（2）日出前和日没后的晨昏蒙影期间。

第二十一条 定义

1."桅灯"是指定置在船的首尾中心线上方的白灯，在225度的水平弧内显示不间断的灯光，其装置要使灯光从船的正前方到每一舷正横后22.5度内显示。

2."舷灯"是指右舷的绿灯和左舷的红灯,各在112.5度的水平弧内显示不间断的灯光,其装置要使灯光从船的正前方到各自一舷的正横后22.5度内分别显示。长度小于20 m的船舶,其舷灯可以合并成一盏,装设于船的首尾中心线上。

3."尾灯"是指安置在尽可能接近船尾的白灯,在135度的水平弧内显示不间断的灯光,其装置要使灯光从船的正后方到每一舷67.5度内显示。

4."拖带灯"是指具有与本条3款所述"尾灯"相同特性的黄灯。

5."环照灯"是指在360度的水平弧内显示不间断灯光的号灯。

6."闪光灯"是指每隔一定时间以频率为每分钟闪120次或120次以上的号灯。

注:

号灯的灯色、水平光弧和能见距离,请见表1-1。

表1-1　各类号灯的灯色、水平光弧和能见距离

号灯类别	灯色	水平光弧/度	最小能见距离(海里)(注:L为船舶长度)			
			$L \geqslant 50$ m	20 m $\leqslant L < 50$ m	12 m $\leqslant L < 20$ m	$L < 12$ m
桅灯	白	225	6	5	3	2
舷灯	左红右绿	112.5	3	2	2	1
尾灯	白	135	3	2	2	2
拖带灯	黄	135	3	2	2	2
环照灯	红绿白黄	360	3	2	2	2
闪光灯	黄	360	对能见距离未作规定,但其闪光频率为120次/分钟或以上			
操纵号灯	白	360	5			

第二十二条　号灯的能见距离

本规则条款规定的号灯,应具有本规则附录一第8节订明的发光强度,以便在下列最小距离上能被看到:

1. 长度为50 m或50 m以上的船舶:

—桅灯,6海里;

—舷灯,3海里;

—尾灯,3海里;

—拖带灯,3海里;

—白、红、绿或黄色环照灯,3海里。

2. 长度为12 m或12 m以上但小于50 m的船舶:

—桅灯,5海里,但长度小于20 m的船舶,3海里;

—舷灯，2 海里；

—尾灯，2 海里；

—拖带灯，2 海里；

—白、红、绿或黄色环照灯，2 海里。

3. 长度为 12 m 的船舶：

—桅灯，2 海里；

—舷灯，1 海里；

—尾灯，2 海里；

—拖带灯，2 海里；

—口、红、绿或黄色环照灯，2 海里。

4. 不易察觉的、部分淹没的被拖船舶或物体：

—白色环照灯，3 海里。

第二十三条 在航机动船

1. 在航机动船应显示：

（1）在前部一盏桅灯；

（2）第二盏桅灯，后于并高于前桅灯；长度小于 50 m 的船舶，不要求显示该桅灯，但可以这样做；

（3）两盏舷灯；

（4）一盏尾灯。

2. 气垫船在非排水状态下航行时，除本条 1 款规定的号灯外，还应显示一盏环照黄色闪光灯。

3. 长度小于 12 m 的机动船，可以显示一盏环照白灯和舷灯以代替本条 1 款规定的号灯。

4. 长度小于 7 m 且其最高速度不超过 7 节的机动船，可以显示一盏环照白灯以代替本条 1 款规定的号灯，如可行也应显示舷灯。

5. 长度小于 12 m 的机动船的桅灯或环照白灯，如果不可能装设在船的首尾中心线上，可以离开中心线显示，条件是其舷灯合并成一盏，并应装设在船的首尾中心线上，或尽可能地装设在接近该桅灯或环照白灯所在的首尾线处。

第二十四条 拖带和顶推

1. 机动船当拖带时应显示：

（1）垂直两盏桅灯，以取代第二十三条 1 款（1）项或 1 款（2）项规定的号灯。当从拖船船尾量到被拖物体后端的拖带长度超过 200 m 时，垂直显示三盏这样的号灯；

（2）两盏舷灯；

（3）一盏尾灯；

（4）一盏拖带灯垂直于尾灯的上方；

（5）当拖带长度超过 200 m 时，在最易见处显示一个菱形体号型。

2. 当一顶推船和一被顶推船牢固地连接成为一组合体时，则应作为一艘机动船，显示第二十三条规定的号灯。

3. 机动船当顶推或旁拖时，除组合体外，应显示：

（1）垂直两盏桅灯，以取代第二十三条 1 款（1）项或 1 款（2）项规定的号灯；

（2）两盏舷灯；

（3）一盏尾灯。

4. 适用本条 1 和 3 款的机动船，还应遵守第二十三条 1 款（2）项的规定。

5. 除本条 7 款外，一艘拖船或被拖物体应显示：

（1）两盏舷灯；

（2）一盏尾灯。

（3）当拖带长度超过 200 m 时，在最易见处显示一个菱形体号型。

6. 任何数目的船舶如作为一组被旁拖或顶推时，应作为一艘船来显示号灯：

（1）一艘被顶推船，但不是组合体的组成部分，应在前端显示两盏舷灯；

（2）一艘被旁拖的船应显示一盏尾灯，并在前端显示两盏舷灯。

7. 一艘不易觉察的、部分淹没的被拖船舶或物体或者这类船舶或物体的组合体应显示：

（1）除弹性拖曳体不需要在前端或接近前端处显示灯光外，如宽度小于 25 m，在前后两端或接近前后两端处各显示一盏环照白灯；

（2）如宽度为 25 m 或 25 m 以上时，在两侧最宽处或接近最宽处，另加两盏环照白灯；

（3）如长度超过 100 m，在（1）和（2）项规定的号灯之间，另加若干环照白灯，使得这些灯之间的距离不超过 100 m；

（4）在最后一艘被拖船舶或物体的末端或接近末端处，显示一个菱形体号型，如果拖带长度超过 200 m 时，在尽可能前部的最易见处另加一个菱形体号型。

8. 凡由于任何充分理由，被拖船舶或物体不可能显示本条 5 或 7 款规定的号灯或号型时，应采取一切可能的措施使被拖船舶或物体上有灯光，或至少能表明这种船舶或物体的存在。

9. 凡由于任何充分理由，使得一艘通常不从事拖带作业的船舶不可能按本条 1 或 3 款的规定显示号灯，这种船舶在从事拖带另一艘遇险或需要救助的船舶时，就不要求显示这些号灯。但应采取如第三十六条所准许的一切可能措施来表明拖带船与被拖带船之间关系的性质,尤其应将拖缆照亮。

第二十五条 在航帆船和划桨船

1.在航帆船应显示:

(1)两盏舷灯;

(2)一盏尾灯。

2.在长度小于 20 m 的帆船上,本条 1 款规定的号灯可以合并成一盏,装设在桅顶或接近桅顶的最易见处。

3.在航帆船,除本条 1 款规定的号灯外,还可在桅顶或接近桅顶的最易见处,垂直显示两盏环照灯,上红下绿。但这些环照灯不应和本条 2 款所允许的合色灯同时显示。

4.长度小于 7 m 的帆船,如可行,应显示本条 1 或 2 款规定的号灯。但如果不这样做,则应在手边备妥白光的电筒一个或点着的白灯一盏,及早显示,以防碰撞。

5.划桨船可以显示本条为帆船规定的号灯,但如不这样做,则应在手边备妥白光的电筒一个或点着的白灯一盏,及早显示,以防碰撞。

6.用帆行驶同时也用机器推进的船舶,应在前部最易见处显示一个圆锥体号型,尖端向下。

第二十六条 渔船

1.从事捕鱼的船舶,不论在航还是锚泊,只应显示本条规定的号灯和号型。

2.船舶从事拖网作业,即在水中拖曳爬网或其他用作渔具的装置时,应显示:

(1) 垂直两盏环照灯,上绿下白,或一个由上下垂直、尖端对接的两个圆锥体所组成的号型;

(2) 一盏桅灯,后于并高于那盏环照绿灯;长度小于 50 m 的船舶,则不要求显示该桅灯,但可以这样做;

(3) 当对水移动时,除本款规定的号灯外,还应显示两盏舷灯和一盏尾灯。

3.从事捕鱼作业的船舶,除拖网作业者外,应显示:

(1) 垂直两盏环照灯,上红下白,或一个由上下垂直、尖端对接的两个圆锥体所组成的号型;

(2) 当有外伸渔具,其从船边伸出的水平距离大于 150 m 时,应朝着渔具的方向显示一盏环照灯或一个尖端向上的圆锥体号型;

(3) 当对水移动时,除本款规定的号灯外,还应显示两盏舷灯和一盏尾灯。

4.本规则附录二中规定的额外信号适用于在其他捕鱼船舶邻近从事捕鱼

的船舶。

5.船舶不从事捕鱼时,不应显示本条规定的号灯或号型,而只应显示为其同样长度的船舶所规定的号灯或号型。

第二十七条 失去控制或操纵能力受到限制的船舶

1.失去控制的船舶应显示:

(1) 在最易见处,垂直两盏环照红灯;

(2) 在最易见处,垂直两个球体或类似的号型;

(3) 当对水移动时,除本款规定的号灯外,还应显示两盏舷灯和一盏尾灯。

2.操纵能力受到限制的船舶,除从事清除水雷作业的船舶外,应显示:

(1) 在最易见处,垂直三盏环照灯,最上和最下者应是红色,中间一盏应是白色;

(2) 在最易见处,垂直三个号型,最上和最下者应是球体,中间一个应是菱形体;

(3) 当对水移动时,除本款(1)项规定的号灯外,还应显示桅灯、舷灯和尾灯;

(4) 当锚泊时,除本款(1)和(2)项规定的号灯或号型外,还应显示第三十条规定的号灯和号型。

3. 从事一项使拖船和被拖物体双方在偏离其航向的能力上受到严重限制的拖带作业的机动船,除显示第二十四条1款规定的号灯或号型外,还应显示本条2款(1)项和(2)项规定的号灯或号型。

4.从事疏浚或水下作业的船舶,当其操纵能力受到限制时,应显示本条2款规定的号灯或号型。此外,当存在障碍物时,还应显示:

(1) 在障碍物存在的一舷,垂直两盏环照灯或两个球体;

(2) 在他船可以通过的一舷,垂直两盏环照绿灯或两个菱形体;

(3) 当对水移动时,除本款规定的号灯外,另应显示桅灯、舷灯和尾灯;

5. 当从事潜水作业的船舶其尺度使之不可能显示本条4款规定的号灯或号型时,应显示:

(1) 在最易见处,垂直三盏环照灯。最上和最下者应是红色,中间一盏应是白色;

(2) 一个国际信号旗"A"的硬质复制品,其高度不小于1 m,并应采取措施以保证周围都能见到。

6.从事清除水雷作业的船舶,除第二十三条为机动船规定的号灯或第三十条为锚泊船规定的号灯或号型外,还应显示三盏环照绿灯或三个环体。这些号灯或号型之一应在接近前桅桅顶处显示,其余应在前桅衍两端各显示一个。这些号灯或号型表示他船驶近至清除水雷船1000 m以内是危险的。

7.除从事潜水作业的船舶外,长度小于 12 m 的船舶,不要求显示本条规定的号灯和号型。

第二十八条 限于吃水的船舶

限于吃水的船舶,除第二十三条为机动船规定的号灯外,还可在最易见处垂直显示三盏环照红灯,或者一个圆柱体。

第二十九条 引航船舶

1.执行引航任务的船舶应显示:

(1) 在桅顶或接近桅顶处,垂直两盏环照灯,上白下红;

(2) 当在航时,外加舷灯和尾灯;

(3) 当锚泊时,除本款(1)项规定的号灯外,还应显示第三十条对锚泊船规定的号灯或号型。

2.引航船当不执行引航任务时,应显示为其同样长度的同类船舶规定的号灯或号型。但应采取如第三十条所准许的一切可能措施来表明拖带船与被拖带船之间关系的性质。

第三十条 锚泊船舶和搁浅船舶

1.锚泊中的船舶应在最易见处显示:

(1) 在船的前部,一盏环照白灯或一个球体;

(2) 在船尾或接近船尾并低于本款(1)项规定的号灯处,一盏环照白灯。

2.长度小于 50 m 的船舶,可以在最易见处显示一盏环照白灯,以取代本条 1 款规定的号灯。

3.锚泊中的船舶,还可以使用现有的工作灯或同等的灯照明甲板,而长度为 100 m 及 100 m 以上的船舶应当使用这类灯。

4.搁浅的船舶应显示本条 1 或 2 款规定的号灯,并在最易见处外加:

(1) 垂直两盏环照红灯;

(2) 垂直三个球体。

5.长度小于 7 m 的船舶,不是在狭水道、航道、锚地或其他船舶通常航行的水域中或其附近锚泊时,不要求显示本条 1 和 2 款规定的号灯或号型。

6.长度小于 12 m 的船舶搁浅,不要求显示本条 4 款(1)和(2)规定的号灯或号型。

注:

号灯和号型具体情况详见表 1-2。

表1-2 号灯和号型

船舶动态		在　航		锚　泊	
船舶种类		号　灯	号　型	号　灯	号　型
机动船	$L \geqslant 100\,m$	前后桅灯、舷灯、尾灯		前后锚灯，并用工作灯照明甲板。	●
	$L \geqslant 50\,m$	前后桅灯、舷灯、尾灯		前后锚灯，还可用工作灯。	
	$L < 50\,m$	桅灯、舷灯、尾灯		一盏锚灯	
	$L < 20\,m$	可显示一盏环照白灯，舷灯可合并成一盏			
	$L < 7\,m$ 航速≤7 Kts	可显示一盏环照白灯，如有可能应显示舷灯			
	气垫船	桅灯、舷灯、尾灯，还应显示环照黄色闪光灯（在排水状态时应关闭）		锚灯	
	地效翼船舶	降落和贴近水面飞行时，桅灯、舷灯、尾灯，还应显示高强度红色闪光灯			
	机帆并用	按同等长度的机动船	▼		
帆船	$L \geqslant 20\,m$	舷灯、尾灯，还可显示上红下绿环照灯		锚灯	●
	$L < 20\,m$	舷灯、尾灯（可合并成一盏三色灯），还可用上红下绿环照灯（不可与三色灯同时显示）			
	$L < 7\,m$	同上栏，或备一盏白灯或使用一个手电筒			
限于吃水的船舶		除同机动船外，必须在最易见处显示垂直三盏环照红灯	▮	锚灯	●
失去控制的船舶		舷灯、尾灯（不对水移动时关闭）在最易见处显示垂直二盏环照红灯	●●	锚灯	●
引航船		舷灯、尾灯上白下红两盏环照灯	除锚灯外	上白下红两盏环照灯	●
搁浅船				垂直两盏环照红灯	●●●

续表

船舶动态			在　航		锚　泊	
船舶种类			号　灯	号　型	号　灯	号　型
从事拖带的机动船	尾拖	拖带长度 > 200 m	垂直三盏环照白灯，船长 ≥ 50 m 加后桅灯、舷灯、尾灯、拖带灯	◆		
		拖带长度 ≤ 200 m	垂直二盏环照白灯，船长 ≥ 50 m 加后桅灯、舷灯、尾灯、拖带灯			
	顶推或旁拖		垂直两盏桅灯、舷灯、尾灯			
	与被顶推的船舶成为牢固组合体		作为一条机动船显示号灯			
	非拖船临时从事拖带遇险或救助的船舶		不能显示拖船号灯时，应采取招引注意信号，尤其应将拖缆照亮			
被拖船或者物体	尾拖	拖带长度 > 200 m	舷灯、尾灯，若不能按规定显示，应在其上面点灯或采取至少表明其存在的措施	◆		
		拖带长度 ≤ 200 m				
	被旁拖		舷灯	任何数目船舶作为一组时，应作为一艘船来显示	末端：◆ 拖带长度 > 200 m 时前部加：◆	
	被顶推		舷灯 尾灯			
	部分淹没不易被觉察	物体宽度 < 25 m	前后两端各显示一盏环照白灯（弹性体的前部不需要显示）			
		物体宽度 ≥ 25 m	同上栏外，在两侧最宽处各加一盏环照白灯			
		物体宽度 > 100 m	同上栏外，在号灯之间，加入若干盏白色环照灯，使其间距 ≤ 100 m			
	不能显示规定号灯、号型者		应在其上面点灯或采取至少表明其存在的措施			

17

船舶动态		在　航		锚　泊	
船舶种类		号　灯	号　型	号　灯	号　型
操纵能力受到限制的船舶	从事敷设、维修、起捞航标、电缆、管理航道或收放航空器的船舶	桅灯、舷灯、尾灯(不对水移动时关闭),垂直红、白、红三盏环照灯	● ◆ ●	除了锚灯外,还应该显示垂直红、白、红三盏环照灯	●和● ◆ ●
	在航从事补给、转运人员、食品或货物的船舶	桅灯、舷灯、尾灯(不对水移动时关闭),垂直红、白、红三盏环照灯	● ◆ ●		
	从事疏浚或水下作业的船舶	除同上栏外,当存在碍航物时,还应显示: (1)有碍航物舷,垂直两盏环照红灯; (2)可通航舷,垂直两盏环照绿灯	● ◆ ● ◆　● ◆　● 通航　碍航 舷侧　舷侧	●(红) ◆(白) ●(红) ●(绿)●(红) ●(绿)●(红) 通航　碍航 舷侧　舷侧	● ◆ ● ◆ ● 通航碍航舷侧
操纵能力受到限制的船舶	从事潜水作业的小船	垂直红、白、红三盏环照灯	国际信号旗"A"的硬质复制品	同在航号灯	同在航号型
	从事拖带而使其偏航能力严重受到限制的船舶	除了按同等长度尾拖带显示的号灯外,还应该显示垂直红、白、红三盏环照灯	● ◆ ● 拖带长度 >200 m时 加:◆		
	从事清除水雷作业的船舶	除了按同等长度的机动船显示的号灯外,在接近前桅顶部和前桅横桁两端,各显示一盏环照绿灯	● ●　●	●(绿) ●(绿)●(绿)	● 和 ●　●
长度<12 m的船舶		不要求显示搁浅、失控、操纵能力受到限制(除了潜水作业外)的号灯和号型			

续表

船舶动态			在　航		锚　泊	
船舶种类			号　灯	号　型	号　灯	号　型
从事捕鱼作业的船舶	拖网渔船		舷灯、尾灯(不对水移动时关闭),船长≥50 m 的捕鱼船舶,应当显示后桅灯上绿下白两盏环照灯	船长＜20 m 可以用一个篮子代替	同在航不对水移动的号型	▼▲
	非拖网渔船	渔具水平伸展距离≤150 m	舷灯、尾灯(不对水移动时关闭),上红下白两盏环照灯			
		渔具水平伸展距离＞150 m	舷灯、尾灯(不对水移动时关闭);上红下白两盏环照灯在渔具伸出的方向加一盏环照白灯。	▼▲ 船长＜20 m 可以用一个篮子代替;在渔具的伸出方向加 ▲		▼▲ 和 ▼▲
	相互临近处捕鱼作业渔船使用的额外信号	拖网渔船	非对拖	不论是用底拖网还是中层渔具,可显示:放网时,垂直两盏环照白灯起网时,垂直上白下红两盏环照灯渔网挂住障碍物时,垂直两盏红灯		
			对拖	不论是用底拖网还是中层渔具,可显示:放网时,垂直两盏环照白灯起网时,垂直上白下红两盏环照灯渔网挂住障碍物时,垂直两盏红灯朝着前方,并向本对拖网船的另一船的方向照射探照灯		
			船舶的行动为渔具所妨碍时才能显示:垂直两盏黄色闪光灯信号(每秒交替闪光一次,明暗历时相等)			

(二)声、光信号

第三十二条 定义

(1)"号笛"一词,指能够发出规定笛声并符合本规则附录三所载规格的任何声响信号器具。

(2)"短声"一词,指历时约一秒钟的笛声。

(3)"长声"一词,指历时四到六秒钟的笛声。

第三十三条 声号设备

1.长度为 12 m 或 12 m 以上的船舶,应配备一个号笛,长度为 20 m 或 20 m 以上的船舶,除了号笛以外还应配备一个号钟。长度为 100 m 或 100 m 以上的船舶,除了号笛和号钟以外还应配有一面号锣。号锣的音调和声音不可与号钟的相混淆。号笛、号钟和号锣应符合本规则附录三所载规格。号钟、号锣或二者可用与其各自声音特性相同的其他设备代替,但任何时候都要求以手动鸣放规定信号。

2.长度小于 12 m 的船舶,不要求备有本条 1 款规定的声响信号器具。如不备有,则应配置能够鸣放有效声号的他种设备。

第三十四条 操纵信号和警告信号

1.当船舶在互见中,在航机动船按本规则条款准许或要求进行操纵时,应用号笛发出下列声号表明之:

一短声表示"我船正在向右转向";

二短声表示"我船正在向左转向";

三短声表示"我船正在向后推进"。

2.在操作过程中,任何船舶均可用灯号补充本条 1 款规定的笛号,这种灯号可根据情况予以重复。

(1)这些灯号应具有下列意义:

一闪表示"我船正在向右转向";

二闪表示"我船正在向左转向";

三闪表示"我船正在向后推进"。

(2)每闪历时约 1 秒钟,各闪间隔应约一秒钟,前后信号的间隔应不少于十秒钟;

(3)如设有用作本信号的号灯,则应是一盏环照白灯,其能见距离至少为 5 海里,并应符合本规则附录一所载规定。

3.在下狭水道或航道内互见时:

(1)一艘企图追越他船的船,应遵照第九条 5 款(1)项的规定,以号笛发出下列声号表示其意图:

二长声继以一短声,表示"我船企图从你船的右舷追越";

二长声继以二短声,表示"我船企图从你船的左舷追越"。

(2)将要被追越的船,当按照第九条 5 款(1)项行动时,应以号笛依次发出下列声号表示同意:

一长、一短、一长、一短声。

4.当互见中的船舶正在互相驶近,并且不论由于何种原因,任何一船无法了解他船的意图或行动,或者怀疑他船是否正在采取足够的行动以避免碰撞时,存在怀疑的船应立即用笛鸣放至少五声短而急的声号以表示这种怀疑。该声号可以用至少五次短而急的闪光来补充。

5.船舶在驶近可能有其他船舶被居间障碍物遮蔽的水道或航道的弯头或地段时,应鸣放一长声。该声号应由弯头另一面或居间障碍物后方可能听到它的任何来船回答一长声。

6.如船上所装几个号笛,其间距大于 100 m,则只应使用一个号笛鸣放操纵和警告声号。

注:

声响和灯光信号具体情况见表 1-3。

表 1-3　声响和灯光信号

适用时机	信号种类	适用船舶	使用时机	信号特征	信号意义
互见中	操纵行动信号	在航机动船	按本规则条款准许或要求进行操纵时	•（＊）	我船正在向右转向
				••（＊＊）	我船正在向左转向
				•••（＊＊＊）	我船正在向后推进
	追越信号	任何在航船舶	在狭水道或航道内	——•	我船企图从你船的右舷追越
				——••	我船企图从你船的左舷追越
				—•—•	同意他船追越
	怀疑与警告信号	任何船舶	无法了解他船的意图或行动,或者怀疑他船是否正在采取足够的行动时	至少••••（至少＊＊＊＊＊）	无法了解他船的意图或行动,或者怀疑他船是否正在采取足够的行动以避免碰撞
能见度良好	过弯道信号	任何船舶	驶近可能有其他船舶被居间障碍物遮蔽的水道或航道的弯头或地段时	—	提醒他船注意,在弯头或居间障碍物的另一面有船正在驶近,并警告他船注意,会遇即将形成,须高度戒备并谨慎驾驶
			弯头另一面或居间障碍物后的来船听到声号时	—	已获悉在弯头或居间障碍物的另一面有船正在驶近,也警告鸣放声号的船注意本船动态并谨慎驾驶

注:　1.声号用号笛发出,灯号用操纵号灯发出;
　　　2.符号"•"表示一短声,"—"表示一长声,"＊"表示一次闪光。

（三）能见度不良时的声号

能见度不良时的声号如表 1-4 所列。

表 1-4　能见度不良时的声号

适用时机	适用船舶		信号特征		间隔时间（分钟）
在航	机动船（包括牢固组合体）	对水移动	—		2
		已停车且不对水移动	— —		
	失去控制的船舶 操纵能力受到限制的船舶 限于吃水的船舶 帆船 从事捕鱼的船舶 从事拖带或顶推他船的船舶		— · ·锚泊也表示从事捕鱼的船舶 操纵能力受到限制的船舶锚泊中执行任务时		
	一艘被拖船或者多艘被拖船的最后一艘（如配有船员）		— · · ·		
锚泊	从事捕鱼的船舶 操纵能力受到限制的船舶锚泊中执行任务时		— · ·		1
	L < 100 m		急敲号钟约 5 秒	还可鸣放 · — ·，以警告驶近的船舶	
	L ≥ 100 m		前部敲号钟约 5 秒，紧接钟声之后，在后部急敲号锣约 5 秒		
	搁浅船		按同长度锚泊船鸣放声号，并应在急敲号钟之前和之后，各敲分隔而清楚的号钟 3 下	还可鸣放合适的笛号，如发出"你正在临近危险中"的单字母信号 U（· · —）	

注：1. $L < 12$ m 时，不要求鸣放上述所有声号，$12\ \text{m} \leqslant L < 20$ m 时，不要求鸣放上述锚泊船和搁浅船的号钟信号。但如不鸣放上述信号，则应以不超过 2 分钟的间隔鸣放他种有效的声号。

　　　2. 引航船当执行引航任务时，应按机动船或锚泊船鸣放规定的声号，还可鸣放 · · · · 识别声号，四短声。

二、简答题

1. 号灯、号型的显示时间？

2. 桅灯的定义是什么？

3. 舷灯的定义是什么？

4. 尾灯的定义是什么？

5. 拖带灯的定义是什么？

6. 闪光灯的定义是什么？

7. 船长大于 50 m 的机动船应显示哪些航行灯？

8. 在航气垫船应显示哪些航行灯？

9. 在航引航船应显示哪些航行灯？

10. 船长大于 50 m，拖带长度大于 200 m 应显示哪些航行灯？

11. 船长大于 50 m，拖带长度小于 200 m 应显示哪些航行灯？

12. 靠风动力行驶中的帆船应显示哪些航行灯？

13. 搁浅船应显示哪些号灯、号型？

14. 从事补给、海底电缆铺设的船舶应显示哪些号灯、号型？

15. 从事水下潜水作业的船舶应显示哪些号灯、号型？

16. 正在扫雷的船舶应显示哪些号灯、号型？

17. 从事拖带不能偏航的船舶应显示哪些号灯、号型？

18. 失控的船舶应显示哪些号灯、号型？

19. 操纵信号中"两短声"代表什么？

20. 操纵信号中"一闪"代表什么？

21. 船舶追越的操纵声号是什么？

22. 能见度不良时，船舶失控声号是什么？

三、练习题

1. 桅灯的水平显示范围是_____。

    A. 正前方到每舷正横前 22.5°

    B. 360°

    C. 正前方到每舷正横后 22.5°

2. 在航机动船显示_____。

    A. 仅在对水移动时显示舷灯、尾灯

    B. 桅灯、尾灯

    C. 桅灯、舷灯、尾灯

3. 下列表示不正确的是_____。

    A. 沿狭水道或航道行驶的船舶，只要安全可行，应尽量在狭水道或航道的中央行驶

    B. "互见"既存在于能见度良好的情况下，也存在于能见度不良的情况下

    C. 直航船采取最有助于避碰行动的时机是"两船接近到单凭一船的行

动已不能避免碰撞时"

4. 互见中的操纵和警告信号，表明我船正在向左转的是_____。

    A. 二短声(二闪光)　　　B. 一短声(一闪光)　　C. 三短声(三闪光)

5. 对另一船行动有怀疑时，可鸣放一长声以示警告。　　　　　　（　　）

    A. 对　　　　　　　　　　B. 错

6. 机动船在航时应给下述船舶让路：失去控制的船舶、操控能力受到限制的船舶、从事捕鱼的船舶和帆船。　　　　　　　　　　　　　　（　　）

    A. 对　　　　　　　　　　B. 错

7. 保持航向和航速是《规则》对直航船提出的一项基本要求。　　（　　）

    A. 对　　　　　　　　　　B. 错

8. 声响信号在能见度不良时，可用来表明船舶种类、动态，并作为避让动作的一种有效依据。　　　　　　　　　　　　　　　　　　（　　）

    A. 对　　　　　　　　　　B. 错

9. 船在锚地或系泊加油时白天应挂一面_____，晚上一盏环照_____。

    A.B 旗／红灯　　　　　B.O 旗／白灯　　　　　C.P 旗／红灯

10. 桅灯是指安置在船的首尾中心线上方的白灯，在_____度的水平弧内显示不间断的灯光，其装置要使灯光从船的正前方到每一舷正横后_____度内显示。

    A. 225/22.5　　　　　　B. 112.5/22.5　　　　　C. 135/67.5

11. 当两船只相遇一定距离时，若来船的罗经方位没有明显的变化，则应认为_____。

    A. 存在碰撞危险　　　B. 处于紧迫危险　　C. 难以判断

12. 任何船舶在追越任何他船时，均应给被追越船让路。　　　　（　　）

    A. 对　　　　　　　　　　B. 错

13. 夜间当两船交叉相遇时，本船只看到他船的红灯时，则本船是让路船。

    （　　）

    A. 对　　　　　　　　　　B. 错

14. 在航机动船，"我正在向左转向"是用_____声号来表示的。

    A. 一短声　　　　　　　B. 二短声　　　　　　　C. 三短声

15. 我轮需要检疫，需悬挂 G 旗。　　　　　　　　　　　　　　（　　）

    A. 对　　　　　　　　　　B. 错

16. 能见度不良时，听到声号一短一长一短，表示附近有锚泊船。　（　　）

    A. 对　　　　　　　　　　B. 错

17. 对他船的意图或行动无法了解或有怀疑时，可以鸣放四声短以示警告。

    （　　）

A. 对　　　　　　　　　　　　B. 错

18. 船舶左舷舷灯的灯质应为_____。

    A. 白灯　　　　B. 绿灯　　　　C. 黄灯　　　　D. 红灯

19. 船舶右舷舷灯的灯质应为_____。

    A. 白灯　　　　B. 绿灯　　　　C. 黄灯　　　　D. 红灯

20. 船舶桅灯、尾灯的灯质,应为_____。

    A. 白灯　　　　B. 绿灯　　　　C. 黄灯　　　　D. 红灯

21. 夜间在驾驶台航行值班,发现前方有一高一低白质灯,在观察者左侧有一绿质灯,其右侧有一盏红质灯,说明_____。

    A. 前方有船和其同向航向　　　B. 有船从左侧向本船驶来

    C. 有船从右侧向本船驶来　　　D. 有船从前方向本船驶来

22. 夜间在驾驶台值班,发现左舷前方有一高一低白质灯,在观察者左侧有一盏绿质灯,其右侧有一盏红质灯,说明_____。

    A. 前方有船和其同向航行　　　B. 有船从左舷向本船驶来

    C. 有船从右舷向本船驶来　　　D. 有船从前方向本船驶来

23. 夜间在驾驶台航行值班,发现右舷前方有一高一低白质灯,在观察者左侧有一盏绿质灯,其右侧有一盏红质灯,说明_____。

    A. 前方有船和其同向航行　　　B. 有船从左舷向本船驶来

    C. 有船从右舷向本船驶来　　　D. 有船从前方向本船驶来

24. 船舶在白天使用的号型颜色为_____。

    A. 白色　　　　B. 蓝色　　　　C. 红色　　　　D. 黑色

25. 船舶在白天锚泊,应显示_____。

    A. 锚灯　　　　B. 照明灯　　　　C. 锚球　　　　D. 舷灯

26. 远洋船舶在夜间锚泊,除应显示锚灯以外,还应显示_____。

    A. 尾灯　　　　B. 舷灯　　　　C. 航行灯　　　　D. 照明灯

27. 拖网渔船在夜间除应显示舷灯、船尾灯外,还应显示_____。

    A. 上绿下白的环照灯　　　　　B. 上红下绿的环照灯

    C. 上红下白的环照灯　　　　　D. 红色换照灯

28. 装载危险物品的船舶在夜间锚泊,除应显示要求的各类灯光外,还应在其后桅上显示一盏_____。

    A. 白色环照灯　　　　　　　　B. 红色环照灯

    C. 绿色环照灯　　　　　　　　D. 黄色环照灯

任务三　船舶通信常识

一、任务内容

船舶通信主要通过视觉、声响和无线电等器材,发出各种不同的型体、旗号、闪光、动作、声响和电波等,以表达所规定的具有一定意义的符号,并按规定的通信程序进行通信。

船舶通信方法有下面三种。

(1)视觉信号通信:灯光通信、旗号通信等。

(2)声响信号通信:声号通信和强力扬声器喊话。

(3)无线电通信:无线电报通信、无线电话通信、传真通信及电子邮件等。

(一)船舶灯光信号

船舶的灯光信号是指用闪光灯或其他闪光器为通信工具、利用莫尔斯码符号组成的字母、数字和规定的程序信号等,于夜间或白天在视距范围内进行的通信。

(二)船舶的声响信号

1.船上主要声响设备:号笛、号钟和号锣

(1)"号笛"一词,指能够发出规定笛声并符合公约要求规格的任何声响信号器具。

(2)"短声"一词,指历时约 1 s 的笛声。

(3)"长声"一词,指历时 4~6 s 的笛声。

2.声号设备

(1)长度为 12 m 或 12 m 以上的船舶,应配备一个号笛,长度为 20 m 或 20 m 以上的船舶,应配备一个号笛另加一个号钟,长度为 100 m 或 100 m 以上的船舶,另应配有一面号锣。

号锣的音调和声音不可与号钟的相混淆。号笛、号钟和号锣应符合公约要求的规格。号钟、号锣或二者可用与其各自声音特性相同的其他设备代替,只要这些设备随时能以手动鸣放规定的声号。

(2)长度小于 12 m 的船舶,不要求备有上述(1)款规定的声响信号器具。如不备有,则应配置能够鸣放有效声号的他种设备。具体情况见表 1–5。

声号器具的构造性能及其在船上的安装细则,应符合船旗国的有关主管机关的要求。

表 1-5　声号设备的配备

信号／信号种类／船舶种类	号　笛	号　钟	号　锣
$L \geqslant 100$ m	1个	1个	1面
20 m $\leqslant L < 100$ m	1个	1个	
12 m $\leqslant L < 20$ m	1个		
$L < 12$ m	不要求备有，但应配置能够鸣放有效声号间隔不超过 2 min 的他种设备		

注：　1. 号锣的音调和声音不可与号钟的相混淆。

　　　2. 号笛、号钟和号锣应符合附录三所载规格。

　　　3. 号钟、锣或二者可用与其各自声音特性相同的其他设备代替，只要这些设备随时能以手动鸣放规定的声号（如雾角和手摇铃等）。

　　　4. 以笛号发出的雾号的时间间隔不超过 2 min；钟号和锣号的时间间隔不超过 1 min。

（三）常见航海国家国旗

从事国际航行的船舶，除了配备本国国旗之外，还要配备船舶经常到达国家的国旗。到达目的港时，必须悬挂所在港口国家的国旗。到达港口国家的国旗一般悬挂在主桅或前桅桅顶或横桁的最右端；船籍港国旗应悬挂在船尾的小旗杆上。

（四）国际信号旗

1. 国际信号旗的组成

国际信号旗是用红、黄、蓝、白、黑 5 种颜色的旗纱制成的。每套共 40 面，其中字母旗 26 面、数字旗 10 面、代旗 3 面和回答旗 1 面（图 1-2）。

2. 国际信号旗图案

国际信号旗图案如图 1-3 所示。

3. 字母及意义

A: Diver below

A: 我下面有潜水员；请慢速远离我。

B: I am taking on or discharging explosives.

B: 我正在装、卸或载运危险货物。

C: Yes（affirmative or "The significance of five previous group should be read in the affirmative"）

C: 是（肯定或"前组信号的意义应理解为肯定的"）。

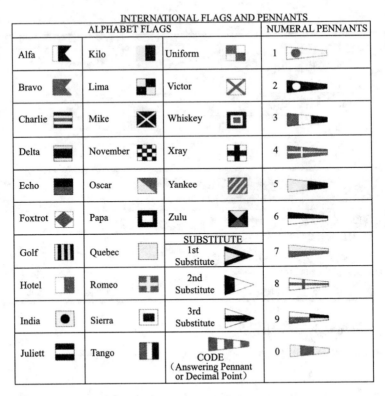

图 1-2　国际信号旗

D：Keep clear of me，I am manoeuvring with difficulty.

D：请让开我；我操纵困难。

E：I am altering my course to starboard.

E：我正在向右转向。

F：I am disabled，communicate with me.

F：我操纵失灵；请与我通信。

G：I require a pilot.

G：我需要引航员。在渔场附近由正在作业的渔船使用时，它的意思是"我正在收网"。

H：I have a pilot on board.

H：我船上有引航员。

I：I am altering my course to port.

I：我正在向左转向。

J: I am on fire and have dangerous cargo on board; keep well clear of me.

J: 我船失火, 并且船上有危险货物, 请远离我。

K: I wish to communicate with you.

K: 我希望与你通信。

L: You should stop your vessel immediately.

L: 你应立即停船。

M: My vessel is stopped and making no way through the water.

M: 我船已停, 并已没有对水速度。

N: No（negative）

N: 不(否定或"前组信号的意义应理解为否定的")。

O: Man overboard

O: 有人落水。

P: In harbor, all persons should report on board as the vessel is about to proceed sea.（At sea, it my be used by fishing vessels to mean "My nets have come fast upon obstruction"）

P: 在港内, 本船将要出海, 所有人员应立即回船(在海上, 当由渔船使用时, 意为"我的网缠在障碍物上")。

Q: My vessel is "healthy" and I request free pratique.

Q: 我船没有染疫, 请发给进口检疫证。

R: 无指定的含义。

S: My engines are going full speed astern.

S: 我船正在向后推进。

T: Keep clear（Not international but commonly used: Request for club launch）

T: 请让开我; 我正在对拖作业。

U: You are standing into danger.

U: 你正在邻近危险中。

V: I require assistance.

V: 我需要援助。

W: I require medical assistance.

W: 我需要医疗援助。

X: Stop carrying out your intentions and watch for my signals.

X: 中止你的意图,并注意我发送的信号。

Y: I am dragging anchor.

Y: 我正在走锚。

Z: I require a tug.

Z: 我需要一艘拖轮。

4. **数字旗**

0 ～ 9 见图 1-3。

图 1-3　数字信号旗

5. **回答旗**

（1）数字中的小数点。

（2）表示通话结束,见图 1-4。

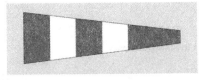

图 1-4　回答旗

6. 代替旗

当船上只有一套信号旗时,代替旗可以使一面旗在同一组旗号中重复一次或多次出现,但在同一组旗号中任何一面代替旗的使用不得超过一次。

代一旗是重复同一组中,在它前面的同类旗中最上面的一面旗。

代二旗是重复第二面旗(从最上面的一面起往下数)。

代三旗是重复第三面旗,见图 1-5。

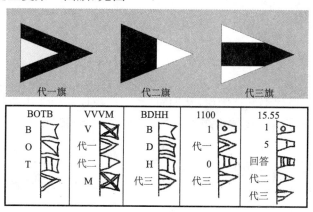

图 1-5　代替旗的用法

(五)船舶挂旗的常识

1. 旗帜分类

(1)供区别国籍的,如国旗、军旗。

(2)供区别人物或所有权的,如公司旗。

(3)供通信用,如通信旗、手旗。通信旗采用的是国际信号旗。

2. 挂旗位置

(1)船籍港国旗。

(2)到达港国旗:在船到达国外港口时,应在前桅顶或前桅横杆上悬挂该国国旗,离港后降下。

(3)船公司旗:悬挂在船首旗杆或后桅顶,航行时不挂。

(4)国际信号旗:悬挂于桅杆横桁或斜拉旗绳上。

3. 各旗升降时间

(1)不论在航行或停泊中,应悬挂的各类旗帜通常在日出时升起,日落时降下。国旗,不论在航行时或停泊时,必须在日出时升起,日落时降下。在大洋航行可不悬挂。

(2)在升旗时,应首先升起国旗,随后升起其他各旗;应先降其他各旗,最后降下国旗。

（3）在极地航行时，冬天应能在看得见的情况下悬升有关旗帜。

（4）船舶在进出港或其他必要显示国旗的情况下，国旗及各旗的升降时间视需要提前或延迟。

4. 升降旗的正确操作方法

（1）国旗代表一个国家的尊严。

（2）国旗应保持飘扬，不应卷叠，收下后平整叠好，放在旗箱内。如有破损应及时缝补或换新。

（3）船舶国旗致敬。

（4）国旗致哀。

（5）升挂满旗。

方式：在主桅顶上升挂国旗，从船首、尾到前后以及桅间用绳索以滑车固定穿引，将国际信号旗连接并绕缠于张索上，然后升起装饰全船。但应注意以下几点。

① 形状、色泽做好搭配。

② 升降索以及主旗绳应采用白棕绳或专用蜡旗绳，信号旗应与主旗绳连接牢固。

③ 航行中不挂满旗。

④ 悬挂满旗时，不能使用国旗、军旗、商船旗以及与各国国旗有相同图案的通信旗，如国际信号旗中 C、E、H、J、T 及数字旗 1、3、4。

（6）进出港挂旗。

船舶进出港时，除应悬挂国旗、公司旗外，还应视需要悬挂以下几种旗。

① 船舶呼号旗。

② 需要引航员时先挂出"G"旗；当引航员登上船后应降下"G"旗，升上"H"旗；当引航员离船后应立即降下"H"旗。

③ 船抵达国外港口或返航抵达国内第一港时，应到检疫锚地锚泊，悬挂"Q"旗。待检疫结束，领到进口检疫证后，可降下"Q"旗。

④ 抵达泊位，系泊结束后，即可降下船舶呼号旗、泊位旗、引航旗等。

⑤ 船舶在预计开航前 2 h，应在明显位置悬挂"P"旗。当引航员抵达，船舶呼号旗、引航旗升起，解掉第一根缆绳时，即可降下"P"旗。

（7）信号旗的正确挂法。

（8）国旗、信号旗的正确折叠与保管。

（9）升挂旗帜的注意事项。

① 无论在何种天气情况下升挂信号旗，应先将旗帜连接好后拉到顶，再将旗帜扬开。最后把旗绳（两股）在羊角或其他生根点上固定牢靠。

② 信号旗应悬挂在对方最易见的位置，升挂的旗帜应保持飘扬，不要被烟

囱、上层建筑等阻碍,或被其他旗帜遮盖起来。

③ 若同时挂几面信号旗,需要的话应按收、挂次序挂出。

④ 一组挂二面以上信号旗时,同组内两旗间距 0.5 m 为宜。

(六)遇险信号

船舶遇险并需要救助时,应使用或显示信号。遇险信号可以单独使用或显示,也可以几个信号同时使用或显示。

(1)下列信号,不论是一起或分别使用或显示,均表示遇险需要救助。

① 每隔 1 分钟鸣炮或燃放其他爆炸信号一次。

② 以任何雾号器具连续发声。

③ 以短的间隔,每次鸣放一个抛射红星的火箭或信号弹。

④ 无线电报或任何其他通信方法发出莫尔斯码···——··· (SOS)的信号。

⑤ 无线电话发出"梅代"(Mayday)语言的信号。

⑥《国际简语信号规则》中表示遇险的信号 N.C.。

⑦ 由一面方旗放在一个环体或任何类似球形的上方或下方所组成的信号。

⑧ 船上的火焰(如从燃着的柏油桶、油桶等发出的火焰)。

⑨ 火箭降落伞或手持式的红色突耀火光。

⑩ 放出橙色烟雾的烟雾信号。

⑪ 两臂侧伸,缓慢而重复地上下摆动。

⑫ 无线电报报警信号。

⑬ 无线电话报警信号。

⑭ 由无线电应急示位标发出的信号。

⑮ 无线电通信系统发出的经认可的信号,包括救生艇筏雷达应答器。

(2)除为表示遇险需要救助外,禁止使用或显示上述任何信号以及可能与上述任何信号相混淆的其他信号。

(3)应注意《国际信号规则》《商船搜寻和救助手册》的有关部分以及下述的信号。

① 一张橙色帆布上带有一个黑色正方形和圆圈或者其他合适的符号(供空中识别)。

② 海水染色标志。

(七)《船舶升挂国旗管理办法》

第一条　根据《中华人民共和国国旗法》第四条二款和第十一条一款的规定,制定本办法

第二条　本办法适用于中国籍民用船舶(以下简称中国籍船舶)以及进入

中华人民共和国内水、港口、锚地的外国籍船舶(以下简称外国籍船舶)。

第三条　交通部授权港务监督机构(含港航监督机构,下同)对船舶升挂和使用中华人民共和国国旗(以下简称中国国旗)实施监督管理。

第四条　依照中华人民共和国有关船舶登记法规办理船舶登记,取得了中华人民共和国国籍的船舶,方可将中国国旗作为船旗国国旗悬挂。

第五条　除本办法第八条规定的情况外,下列中国籍船舶应当每日悬挂中国国旗:

(一)50总吨及以上的船舶;

(二)航行在中国领水以外水域和香港、澳门地区的船舶;

(三)公务船舶。

第六条　进入中华人民共和国内水、港口、锚地的外国籍船舶,应当每日悬挂中国国旗。

第七条　船舶应按其长度悬挂下列尺度的中国国旗:

(一)150 m及以上的船舶,应悬挂甲种或乙种或丙种中国国旗;

(二)50 m及以上不足150 m的船舶,应悬挂丙种或丁种中国国旗;

(三)20 m及以上不足50 m的船舶,应悬挂丁种或戊种中国国旗;

(四)不足20 m的船舶应悬挂戊种中国国旗。

外国籍船舶悬挂的中国国旗尺度,一般应不小于其悬挂的船旗国国旗的尺度。

第八条　船舶悬挂中国国旗应当早晨升起,傍晚降下。但遇有恶劣天气时,可以不升挂中国国旗。

第九条　船舶悬挂的中国国旗应当整洁,不得破损、污损、褪色或者不合规格,不得倒挂。

第十条　中国籍船舶应将中国国旗悬挂于船尾旗杆上。船尾没有旗杆的,应悬挂于驾驶室信号杆顶部或右横桁。

外国籍船舶悬挂中国国旗,应悬挂于前桅或驾驶室信号杆顶部或右横桁。

中国国旗与其他旗帜同时悬挂于驾驶室信号杆右横桁时,中国国旗应悬挂于最外侧。

第十一条　中国籍船舶在航行中与军舰相遇,需要时可以使用中国国旗表示礼仪。

第十二条　船舶取得中华人民共和国国籍后,第一次升挂中国国旗时,可以举行升旗仪式。

第十三条　遇有《中华人民共和国国旗法》第十四条规定的情形时,港务监督机构应通知或通过船舶代理人、所有人通知船舶下半旗。

除前款规定的情况外,船舶非经批准不得将中国国旗下半旗。

第十四条　外国籍船舶根据船旗国的规定需将船旗国国旗下半旗的,应向港务监督机构报告。

第十五条　中国籍船舶改变国籍,在最后一次降中国国旗时,可以举行降旗仪式。降旗仪式可参照升旗仪式进行。降旗仪式后,船长或船舶其他负责人应将中国国旗妥善保管,送交船舶所有人。

船舶遇难必须弃船时,船长或船舶其他负责人应指定专人降下中国国旗,并携带离船,送交船舶所有人。

第十六条　外国国家领导人乘坐、参观中国籍船舶,或我国国家领导人利用中国籍船舶举行欢迎外国国家领导人的仪式,需要悬挂两国以上国旗的,按照有关涉外悬挂和使用国旗的规定办理。

第十七条　对违反《中华人民共和国国旗法》和本规定的船舶和船员,港务监督机构应令其立即纠正,并可根据情节,按照《中华人民共和国国旗法》和我国其他有关规定予以处罚。

外国籍船舶拒绝按港务监督机构的要求纠正的,港务监督机构可令其驶离中华人民共和国内水、港口、锚地。

二、简答题

1. 国旗识别:考生从给定的国旗图片中自行抽选五幅或由评估员任意指定五幅图片进行识别。

2. 信号旗识别:考生从给定的国旗图片中自行抽选五幅或由评估员任意指定五幅图片进行识别。

3. 挂旗:由评估员指定要悬挂的国旗,考生进行取旗、挂旗、降旗、折叠、存放操作。

三、练习题

1. 国际信号旗每套由____面旗子组成。其中,字母旗有____面,数字旗有____面,代旗有____面,回答旗有____面。

　　A. 40/26/10/3/1　　　B. 36/22/10/3/1　　　C. 42/26/10/5/1

2. 单字母信号旗中,_____旗表示"我船没有染疫,请发给进口检疫证"。

　　A. G　　　　　　　　B. Q　　　　　　　　C. H

3. 当悬挂"WE 代二 C"时,代表的是____。

　　A. WECC　　　　　　B. WEEC　　　　　　C. WEWC

4. 莫尔斯符号是用"点"(dot)和"划"(dash)单独或组合代表英文字母和数字。　　　　　　　　　　　　　　　　　　　　　　　　　　　　(　　　)

　　A. 对　　　　　　　　B. 错

5. 单字母信号旗用于最紧急、最重要或最常用的内容,但不适合于任何通

信方法。 （ ）

    A. 对   B. 错

   6. 数字旗共 10 面,在通信中,只可表明数字,不可与字母旗联合组成各种
信号。 （ ）

    A. 对   B. 错

   7. 代旗是用来代替同一组中的同类信号旗。在同一组信号旗中,任何一面
代旗只能用一次。 （ ）

    A. 对   B. 错

   8. 船旗国国旗应悬挂在_____。

    A. 主桅上   B. 船首旗杆上   C. 船尾旗杆上

   9. 一组挂两面以上信号旗组时,旗与旗之间的连接应是每面旗的旗头与另
一面的旗尾,同组内两旗连续间距不应太大,建议在_____ m 左右为宜。

    A. 0.1   B. 0.5   C. 1.0

   10. "H" 旗表示_____。

    A. 我船需要引航员

    B. 我船有引航员在船

    C. 我船没有染疫,请发给进口检疫证

   11. 到达港口国家的国旗一般悬挂在主桅或前桅桅顶或横桁的最右端。

（ ）

    A. 对   B. 错

   12. 一面方旗放在一个球的上方所组成的信号,表示该船搁浅。 （ ）

    A. 对   B. 错

   13. 我船施放三短声的号笛说明_____。

    A. 我船正在向右转向   B. 我船正在向左转向

    C. 我船正在向后推进   D. 警告信号

   14. 船舶施放一长声号笛的意义是_____。

    A. 我船正在向右转向   B. 我船正在向左转向

    C. 我船正在向后推进   D. 警告信号

   15. 我船施放一短声的号笛说明_____。

    A. 我船正在向右转向   B. 我船正在向左转向

    C. 我船正在向后推进   D. 警告信号

   16. 我船施放二短声的号笛说明_____。

    A. 我船正在向右转向   B. 我船正在向左转向

    C. 我船正在向后推进   D. 警告信号

   17. 在航道中航行,我船施放二长声一短声的号笛说明_____。

A. 我船正在向右转向　　　　　　　B. 我船企图从你船右舷追越

C. 我船企图从你船左舷追越　　　　D. 同意追越

18. 在航道中航行,我船施放二长声二短声的号笛说明_____。

A. 我船正在向右转向　　　　　　　B. 我船企图从你船右舷追越

C. 我船企图从你船左舷追越　　　　D. 同意追越

19. 在能见度不良时,船舶应在间隔不超过多长时间鸣放一长声号笛_____。

A. 1 min　　　　B. 2 min　　　　C. 3 min　　　　D. 5 min

20. 在能见度不良时,失去控制的船舶应在两分钟间隔时间内鸣放三声,即_____。

A. 二长声　　　　　　　　　　　　B. 一长声

C. 一长声二短声　　　　　　　　　D. 一短一长一短

21. 关于升降旗时间,下列正确的是_____。

A. 白天和晚上都可挂信号旗

B. 能见度不良时,信号旗可降下

C. 信号旗只在白天悬挂

22. 船舶在国内外锚地锚泊时,主桅横桁下应悬挂_____。

A. 港口国国旗　　　B. 船籍国国旗　　　C. 中国国旗

23. 升挂信号旗时,下列观点不正确的是_____。

A. 旗帜必须升到顶

B. 旗绳拉紧系牢

C. 旗帜不必展开飘扬

24. 下列表述不正确的是_____。

A. 当引航员上船后,应降 H 旗,升 G 旗

B. 在锚地,发现一船悬挂"Y"旗,表示该船正在走锚

C. 有一面方旗放在一个球体或任何类似球形物体的上方或下方所组成的信号是遇险信号

25.《国际简语信号规则》中表示遇险的信号是 W.C.。　　　　　　(　　　)

A. 对　　　　　　　B. 错

26. 船舶悬挂中国国旗应当早晨升起,傍晚降下。遇有恶劣天气时,可以不挂中国国旗。　　　　　　　　　　　　　　　　　　　　　　(　　　)

A. 对　　　　　　　B. 错

27. 外国籍船舶悬挂中国国旗,应悬挂于前桅或驾驶室信号杆顶部或右横桁。　　　　　　　　　　　　　　　　　　　　　　　　　　　　(　　　)

A. 对　　　　　　　B. 错

28. 信号旗应悬挂在对方最易见的位置,升挂的旗帜应保持飘扬,不要被烟

囱、上层建筑物等阻碍,或被其他旗帜遮盖起来。　　　　　　　　　　（　　）

    A. 对　　　　　　　　　　　　B. 错

29. 从事国际航行的船舶,当船舶到达目的港时,必须悬挂_____。

    A. 本公司旗　　　　　　　　　B. 所在港口国家的国旗

    C. K 旗　　　　　　　　　　　D. 满旗

30. 国际信号旗每套共_____。

    A. 26 面　　　　B. 36 面　　　　C. 40 面　　　　D. 46 面

31. 国际信号旗每套有字母旗_____。

    A. 26 面　　　　B. 36 面　　　　C. 40 面　　　　D. 46 面

32. 国际信号旗,每套有代旗_____。

    A. 2 面　　　　　B. 3 面　　　　C. 5 面　　　　D. 6 面

33. 我船装载危险货物,白天应悬挂国际信号旗中的_____。

    A. D 旗　　　　　B. B 旗　　　　C. A 旗　　　　D. F 旗

34. 我船需要引水时,白天应悬挂国际信号旗中的_____。

    A. B 旗　　　　　B. H 旗　　　　C. G 旗　　　　D. K 旗

35. 白天船舶悬挂国际信号旗中的"H"旗说明_____。

    A. 我需要引水　　　　　　　　B. 我船没有染疫

    C. 我船有引水　　　　　　　　D. 我需要医疗援助

36. 白天船舶在港内悬挂国际信号旗中的"P"旗说明_____。

    A. 我需要医疗救助　　　　　　B. 本船将要出海所有船员应立即回船

    C. 我需要引水　　　　　　　　D. 我船有引水

37. 国际信号旗的"代三"是代替同组中同类的_____。

    A. 倒数第三面旗　　　　　　　B. 第一面旗

    C. 第二面旗　　　　　　　　　D. 第三面旗

38. 船旗国国旗应悬挂在_____。

    A. 主桅桅顶　　　　　　　　　B. 前桅桅定

    C. 船首旗杆上　　　　　　　　D. 船尾旗杆上

39. 在升旗时,应首先升起_____。

    A. 港口国国旗　　　　　　　　B. 信号旗

    C. 公司旗　　　　　　　　　　D. 船旗国旗

40. 用摩尔斯(或摩斯)符号发出遇难求救码组(SOS)是_____。

    A. 二长二短(————)　　　　B. 一长三短(————)

    C. 三长(———)　　　　　　D. 三短三长三短(—————————)

41. 国际无线电话明语呼叫是_____。

    A. SOS　　　　　　　　　　　B. MAYDAY

C. XXXD   D. BY

42. 夜间船舶遇险,发现过往的船舶与飞机,为引起对方注意,应施放_____最好。

A. 红色降落伞火箭信号   B. 橙黄色烟雾信号

C. 手持红光火焰信号   D. 日光信号镜

任务四　水手操舵

一、任务内容

操舵是值班水手的主要职责之一,直接影响船舶的航行安全,所以必须重点掌握。值班水手应熟悉开航前试舵的主要内容和程序;了解自动舵及自动操舵的局限性;掌握手动操舵的方法及自动舵、手动舵以及应急舵之间的转换方法,能听懂舵令,按舵令要求,保持航行或改变航向。

(一)开航前试舵

1. 试舵

试舵又称对舵,是开航前为检查操舵系统的可靠性所进行的试验。在开航前 1 小时,由值班驾驶员会同值班轮机员核对船钟、车钟、试舵等,对主操舵装置、辅助操舵装置和应急操舵装置等进行全面的检查。其中,包括舵的运动、动力供给、操舵方式的转换、故障报警、舵的实际位置和舵角指示器的一致性以及驾驶室与舵机室通信联系手段的工作情况等。

2. 对舵方法

(1)在驾驶室转动舵轮或扳动手柄,先使舵角指示器的指针指向 0°,观察舵机室的舵角是不是也为 0° 位置,再慢慢地将舵轮往左(右)转到满舵后,校对舵轮座上的舵角指示器与船尾舵杆上的指示刻度是否一致。

(2)用同样方法向右(左)操满舵进行一次,再快速活舵一次,然后,分别连续作左(右)5°、15°、25°、35° 操舵和回舵,即随动舵校对完毕。观察遥控机构、追随机构、舵角指示器和其他工作系统的运作情况是否正常。

舵角指示器在最大舵角时的指示误差,机械的应不超过 ±2°,电动的应不超过 ±1°,正舵位置应无误差。

(二)SOLAS 公约对操舵装置的实验要求

船舶开航前 12 小时之内,应由船员对操舵装置进行核查和试验。

1. 试验程序

(1)主操舵装置。

（2）辅助操舵装置。

（3）操舵装置遥控系统。

（4）驾驶台内的操舵位置。

（5）应急动力供应。

（6）相对于舵实际位置的舵角指示器。

（7）操舵装置遥控系统动力故障报警器。

（8）操舵装置动力设备故障报警器。

（9）自动隔断装置及其他自动设备。

2. 核查和试验

（1）按照所要求的操舵装置能力进行操满舵试验。

（2）操舵装置及其联动部件的外观检查。

（3）驾驶室与舵机舱之间通信手段的工作试验。

3. 具体试验

（1）进行操满舵试验。

（2）通信联系试验。

（3）舵机失电试验。

二、操舵方式

目前,船上的操舵系统一般都是集成式的,即一套操舵设备包含了几种操舵方式,它们之间由开关进行转换。

（一）随动操舵方式

随动操舵方式是一种人工手动操舵方式。在海上,我们所说的手动操舵方式就是指这种操舵方式,它的控制系统装有舵角反馈装置,操舵时,人工转动舵轮,随之舵机转出相应舵角,舵轮停止转动,舵角也随之固定。也就是说,舵轮转动的角度与舵机转出的角度是一致的。在采取随动操舵方式时,应该同时注意舵轮指示器和舵角指示器,必须保证转出的舵角和舵令完全一致。

1. 舵角指示器

目前,船舶的舵角指示器一般是电动式的,通过两个构造相同的同步器,将舵机转出的实际舵角复示到驾驶台前部上方的舵角指示器上。舵机转出的角度和舵角指示器的读数必须严格保持一致。

实际舵角和舵角指示器的同步是由每次开航前的对舵过程校准的,电动舵角指示器一般误差很小,不必调整,只要记下误差即可,值班水手不必进行调整。舵角指示器的亮度控制一般由操舵水手自行调整。

2. 标准罗经

船上的标准罗经(磁罗经)一般安装在驾驶台的罗经甲板上,它的读数由光学反射装置反射到操舵水手的前上方,供操舵水手读取。

操舵水手必须对标准罗经的使用进行下列操作。

(1)反射镜角度调整:通过调整反射镜的反射角度,使反射下来的罗经盘面保持在操舵水手的视野中。

(2)亮度调整:通过磁罗经亮度调整旋钮将反射下来的罗经盘面调至合适的亮度。

3.舵角、航速和水深与舵效的关系

(1)舵角:舵角越大舵效越好。

(2)航速:航速越快舵效越好。

(3)水深:水深越浅舵效越差。

(二)自动操舵方式

自动操舵方式又称自动舵。提示根据罗经的航向信号来控制舵机自动地使船舶保持在给定航向上的操舵控制装置。

1.自动操舵仪的正确调节

(1)转入自动开关。

由随动舵改为自动操舵时,应注意先把压舵旋钮和自动改向调节旋钮归零位,同时把船舶稳定在指定航向上,当舵处于正舵位置时,并将转换开关从"随动"转至"自动"位置上,船舶即进入自动操舵状态,然后再根据载重情况和海况调节主操舵台面板的有关旋钮。

(2)灵敏度旋钮。

灵敏度旋钮又称天气调节旋钮或航摆角调节,是调节自动舵开始投入工作的最小偏航角的。当天气较好,风流较小时,灵敏度可调的高一些(一般$3°\sim5°$);海况不好时,风流较大时,灵敏度应调低一些。

(3)舵角调节旋钮。

舵角调节旋钮又称比例调节旋钮,是调节自动舵的偏航角和偏舵角的比例。比例系数一般为$0.5\sim4$,万吨船$2\sim3$为宜。刻度的档次越高,比例系数越大,偏航角越大。

调节时根据海况、装载情况和舵叶浸水面积等情况确定。海况恶劣或空载、舵叶浸水面积小时,应选用高档。风平浪静、操纵性能好时用低档。

(4)微分旋钮。

微分旋钮又称反舵角调节旋钮,根据船舶偏航惯性的大小来调节该旋钮的大小。

大船、重载及船舶旋回惯性大时应调大些,轻载时应调小一些,海况恶劣时调小或归零。

（5）压舵旋钮。

当船受到风、浪等干扰向单侧方向偏转时,可以使用该旋钮向相反方向压一舵角,抵消单侧偏航。

在有不对称偏航的情况下,设有积分环节自动压舵的自动舵,设置压舵调节向左或向右进行压舵,压舵角的大小可以根据船的偏转情况来选择。

（6）改向旋钮。

在使用自动舵时用来改变航向的,且每次只能进行小度数改向,若需大角度改向,则应分几次进行,一般每次不超过10°。

操作方法为先按下旋钮,然后转动指针至改向的度数,使船舶转到给定航向时指针自动回零,不必人工复位。

（7）零位修正旋钮。

用于修正自动舵中航向指示刻度盘（分罗经）与陀螺罗经（主罗经）同步误差。

调节时先取下螺帽,用专用钥匙插入,旋转刻度盘,使其与主罗经一致,然后将调节旋钮指针拨回零位。

2. 自动舵使用的局限性

（1）权限:船长应根据航道、海面、气象等条件决定是否使用自动舵,船长不在驾驶台时,由值班驾驶员决定使用自动舵的时机。

（2）禁用:进出港口,航经狭水道、分道通航区、交通繁忙区、锚地、危险航道、能见度小于5海里的区域,避让、改变航向、追越时不得使用自动舵。

（3）机动操作:加强瞭望,需要机动操作时,应距他船5海里处改为手动舵。手操舵时间较长时,应由两名舵工轮流操舵,并应监督舵工操舵的正确性。

（4）转换:手动舵与自动舵的相互转换由值班驾驶员负责。

（5）核试:值班驾驶员应每小时检查自动舵的运行情况,并核对陀螺、磁罗经航向是否正确,督促舵工经常核查。每班至少试验手操舵一次。值班驾驶员有权决定是否允许水手或实习生练习手操舵。

（三）手柄操舵

1. 应急操舵方式

手柄操舵方式又称应急操舵方式,它同样也是一种手动操舵方式,其控制系统是由手柄直接控制继电器使舵机转动的装置。

应急操舵方式有两种:一种是扳动手柄操舵,另一种是按动左右按钮操舵。

操舵手柄相当于继电器开关,分左、中、右三档,中间位置是零位。操舵时,手柄向左,舵叶向左转动;手柄向右,舵叶向右转动;手柄位于中间,舵机不工作。

按钮操舵的操作方法是:手按舵转,手放舵停;左舵按左,回舵按右;右舵按右,回舵按左。

2. 应急操舵须知

（1）手操舵失灵时，值班驾驶员应立即（命令）改为应急操舵，使用磁罗经航向操舵，并迅速通知电机员、大管轮并报告船长。

（2）驾驶台应急操舵装置失灵时，值班驾驶员应做到以下几点：

① 派舵工迅速到舵机房进行应急操舵；

② 在交通繁忙区立即停车；

③ 通知大管轮、电机员立即到舵机房协助舵工；

④ 唤请船长上驾驶台指挥；

⑤ 用有线电话或手持对讲机或话筒指挥舵工操舵；

⑥ 请船长增派一名舵工协助操舵；

⑦ 应急操舵生效后，立即用车舵控制航向和船位。

（3）舵机房应急操舵。

① 将控制箱选择按钮由"驾驶台"切换到"舵机房"，即可用手柄进行应急操舵。

② 用对讲机或电话与驾驶台联系，听从驾驶台指挥。

③ 用舵工应急操舵手柄处的舵角指示器和航向分罗经协助操舵。

④ 若操舵装置全部失灵，应迅速倒车、停车，就地抛锚；若为深水区，应显示失控信号，并警告附近船只。

三、操舵方法与要领

1. 操舵要领及注意事项

（1）检查操舵仪电源、仪器仪表是否正常。

（2）目视前方，双手握舵轮，双脚打开与肩同宽。

（3）操舵时思想要集中，随时准确、迅速地执行驾驶员的每一个口令。复述和回答口令要响亮、正确、清晰，详见表1-6。

（4）要清楚地知道罗经基线与船首航向的关系。

（5）不要用急舵，要注意船首偏转有一定的惯性。

（6）在大风浪的天气或流速大的航区航行时，要根据具体情况进行操舵。

（7）操纵船舶航向"把定"时，操舵水手不仅要看罗经基线是否对准航向，而且还要看船首前方较明显的目标。

（8）长时间手操舵时，应有两名舵工轮流操舵。

（9）舵工应随时注意操舵仪舵角指示器与驾驶台主舵角指示器是否一致，注意操舵仪工作是否正常，如发现异常，应立即报告驾驶员或船长。

（10）操舵时若航向未把定或正在避碰，舵工不应换舵。

（11）船舶进出港口前或进入复杂航区前，应试验应急操舵装置。

（12）操舵要有高度的责任感，注意力要集中，始终保持船在航向上。

（13）严格遵照舵令操舵，没有舵令不得擅自改变航向。

（14）努力掌握本船的舵性。

（15）熟悉本船操舵装置的转换开关，能迅速把自动舵转换为手操舵，当主操舵器发生故障时，能立即转换成应急舵。

四、操舵方式转换

1. 自动操舵模式转换手动操舵模式

（1）复诵舵令。

（2）将操舵模式由自动操舵转换手动操舵。

（3）测试手动操舵是否正常。

（4）报告值班驾驶员现在手动操舵。

2. 手动操舵模式转换自动操舵模式

（1）复诵舵令。

（2）先查看操作台分罗经航向刻度与主罗经的航向一致后，然后把压舵旋钮和自动改向调节旋钮归零位，同时把船舶稳定在指定航向上。

（3）当舵处于正舵位置时，将转换开关从"随动"转至"自动"位置上，船舶即进入自动操舵状态。

（4）观测自动操舵是否正常。

（5）然后再根据载重情况和海况调节主操舵台面板的有关旋钮，调至最佳状态。

（6）报告值班驾驶员现在自动操舵，并报告航向。

五、舵工交接班注意事项

1. 接班舵工应提前上驾驶台，了解交班舵工的工作情况。

2. 转向或其他有风险的操作时，不得交接班。

3. 交班舵工应告知：操舵陀螺罗经航向、磁罗经航向、操舵方式、舵角、舵性、舵效以及传动系统的工作技术状态。

4. 接班舵工应复诵告知内容。

5. 值班驾驶员应监督交接过程。

六、大风浪中操舵

应指派经验丰富的舵工操舵，并细心观察风流影响的综合结果，掌握它的规律，提前回舵或压舵。

七、舵令

常用的舵令如表 1-6 所列。

表 1-6　中、英文舵令

发令（Order）	复诵（Reply）	报告（Report）	说　明
左（右）舵五 Port（starboard）five	左（右）舵五 Port（starboard）five	Wheel Port（starboard）five	数字指舵角度数,舵工接到口令后操作舵角至口令所需舵角
正舵 Midship	正舵 Midship	正舵 Midship	操舵迅速使舵角指示器指示"0"
向左（右）×度 ×degrees to port （starboard）	向左（右）×度 ×degrees to port （starboard）	航向×××到 Course on×××	改变航向用,舵工根据口令操舵使航向左（右）改变×度,到达新航向时汇报"航向×××"。要注意这个口令是罗经度数,不是舵角
航向复原 Course again	航向复原 Course again	航向×××到 Course on×××	临时改变航向后(如为了让船)。要回到原舵航向上航行,舵工操舵将航向变回来,待回到原航向后汇报原航向的度数
不要偏左（右） Nothing to port （starboard）	不要偏左（右） Nothing to port （starboard）	（不需要报告,但操舵时要注意）	舵工操舵时要注意不要偏到航向的左（右）去
航向多少 What course		航向××× Course on×××	舵工应报告当时罗经航向
什么舵 What is your rudder		×度左（右） ×of port（starboard）	询问舵工当时舵角度数
舵灵吗 How is your rudder （How does she answer）		正常 All right（very good） 很慢 Too slow（very slow） 不动 No answer 反转 Answer back	询问舵工当时舵效情况 很好 很慢。表示舵角已压但船却比平时转得慢 不动。表示已压舵角但船不动 反转。表示舵角已压但船向相反方向转动
舵操稳点 Mind your rudder	稳舵 Yes, Sir.		要求舵工注意力集中,不要偏离航向
完舵 Finish with wheel	完舵 Finish with wheel		用舵完毕

八、简答题

1. 如何进行开航前实舵?

2. 舵角指示器的允许误差是多少?

3. 操舵方式有几种?

4. 请简述舵角、航速和水深与舵效之间的关系?

5. 简述自动舵使用的局限性?

6. 自动舵的开关旋钮有哪些?

7. 自动舵灵敏度旋钮的作用是什么?

8. 自动舵压舵旋钮的作用是什么?

9. 如何进行应急操舵?

答案:

1. 在开航前 1 小时,由值班驾驶员会同值班轮机员核对船钟、车钟、试舵等。在驾驶室转动舵轮或扳动手柄,先使舵角指示器的指针指 0º,观察舵机室的舵角是不是也为 0º 位置,再慢慢地将舵轮往左(右)转到满舵后,校对舵轮座上的舵角指示器与船尾舵杆上的指示刻度是否一致。用同样方法向右(左)操满舵进行一次,再快速活舵一次,然后,分别连续作左(右)5º、15º、25º、35º操舵和回舵,即随动舵校对完毕。观察遥控机构、追随机构、舵角指示器和其他工作系统的运作情况是否正常。

2. 舵角指示器在最大舵角时的指示误差,机械的应不超过 ±2º,电动的应不超过 ±1º,正舵位置应无误差。

3. 随动舵(手操舵)、自动舵、应急舵。

4. 舵角:舵角越大舵效越好。

　航速:航速越快舵效越好。

　水深:水深越浅舵效越差。

5. 禁用:进出港口,航经狭水道、分道通航区、交通繁忙区、锚地、危险航道、能见度小于 5 海里的区域,避让、改变航向、追越时不得使用自动舵。

6. 转入自动舵开关、灵敏度旋钮、舵角调节旋钮、压舵旋钮、改向旋钮、零位修正旋钮。

7. 灵敏度旋钮又称天气调节旋钮或航摆角调节,是调节自动舵开始投入工作的最小偏航角的。当天气较好,风流较小时,灵敏度可调的高一些(一般 3°～5°);海况不好,风流较大时,灵敏度应调低一些。

8. 当船受到风、浪等干扰向单侧方向偏转时,可以使用该旋钮向相反方向压一舵角,抵消单侧偏航。

9. 手操舵失灵时,值班驾驶员应立即(命令)改为应急操舵,使用磁罗经航向操舵;并迅速通知电机员、大管轮并报告船长。

驾驶台应急操舵装置失灵时,值班驾驶员应做到以下几点:

① 派舵工迅速到舵机房进行应急操舵;

② 在交通繁忙区立即停车;

③ 通知大管轮、电机员立即到舵机房协助舵工;

④ 唤请船长上驾驶台指挥；

⑤ 用有线电话或手持对讲机或话筒指挥舵工操舵；

⑥ 请船长增派一名舵工协助操舵；

⑦ 应急操舵生效后，立即用车舵控制航向和船位。

九、练习题

1. 手操舵与自动舵的相互转换由_____负责。

    A. 舵工   B. 水手长   C. 值班驾驶员

2. 舵工在未听清口令或不理解驾驶人员下达的口令时_____。

    A. 可要求重复一遍

    B. 根据情况自主判断操作

    C. 保持现状，继续等待

3. 舵工在听到驾驶人员下达舵角口令后，应_____。

    A. 立即复诵   B. 立即执行操舵   C. 要求重复

4. 船舶由于受单侧风浪、潮流、积载不当或推进器不对称等恒值干扰力矩的影响而始终向固定一侧偏转时_____。

    A. 应采用一适当的同向舵角来消除这种偏转

    B. 应采用一适当的反向舵角来消除这种偏转

    C. 应采用保持正舵、无视偏转

5. 舵工在交接班时注意事项不包括_____。

    A. 转向或其他有风险的操作时，不应交接班

    B. 交班舵工应告知：操舵罗经航向、磁罗经航向、操舵方式、舵角、舵性、舵效及传动系统的工作技术状态、舵机工作情况

    C. 交班舵工应告知目前船位

6. 值班水手应熟悉开航前试舵的主要内容和程序，了解自动舵及自动操舵的局限性。   （   ）

    A. 对   B. 错

7. 舵角指示器在最大舵角时的指示误差，机械应不超过 ±5°，电动的应不超过 ±3°，正舵位置应无误差。   （   ）

    A. 对   B. 错

8. 根据转向的大小和方向，舵工可确定舵角的大小。   （   ）

    A. 对   B. 错

9. 船舶进出港口前或进入复杂航段前，应测验应急舵装置。   （   ）

    A. 对   B. 错

10. 利用随动操舵方式进行操舵时，可从_____确定舵机实际转出的舵角。

A. 舵轮指示器　　　　B. 舵角指示器　　　　C. 标准罗经

11. 在对自动舵的灵敏度调节时,在天气好、海况良好的情况下,可将灵敏度调_____一些;而当天气转坏、海况恶劣时,应将灵敏度调_____一些。

A. 高／低　　　　　　B. 低／高　　　　　　C. 不调／不调

12. 在使用自动舵的自动改向调节时,若需大角度改向,则应分几次进行,一般每次不超过_____。

A. 5°　　　　　　　　B. 10°　　　　　　　C. 15°

13. 值班驾驶员应_____检查自动舵的活动情况,并核对陀螺、磁罗经航向是否正确、督促舵工经常_____至少试验手操舵一次。

A. 每小时＼每班　　B. 每班＼每小时　　C. 每班＼每班

14. 操舵水手听到舵令后,立即_____,当舵或航向转到指定舵角或航向时,_____。

A. 操纵舵轮＼再向指挥人员报告一次

B. 复诵一遍＼再向指挥人员报告一次

C. 复诵一遍＼无需向指挥人员报告

15. 当罗经基线偏离在原定航向刻度时,应操_____方向的小舵角,使船首(罗经基线)返回原航线。

A. 相同　　　　　　　B. 相反　　　　　　　C. 任何

16. 下列哪些情况舵工不应交接班_____。

① 船舶正在转向;② 船舶正在避让来船;③ 船舶正在避让危险物标;④ 船舶正在沿岸航行

A. ①③　　　　　　　B. ①②③　　　　　　C. ①②④③

18. 在对自动舵的灵敏度调节时,偏航角越小,灵敏度就越高,偏航角越大,灵敏度就越低。　　　　　　　　　　　　　　　　　　　　　　　　　　(　　)

A. 对　　　　　　　　B. 错

19. 罗经基线偏离在原定航向刻度的左边时,表示船首已偏到原航向右边。

(　　)

A. 对　　　　　　　　B. 错

20. 使用自动改向旋钮改向时,每次只能进行小度数改向,若需大角度改向,则应分几次进行,一般每次不超过 15°。　　　　　　　　　　　　　(　　)

A. 对　　　　　　　　B. 错

22. 操舵中,当听到"左舵 5°"是指_____。

A. 向左转动舵轮,使航向改变 5°

B. 向左转动舵轮,使舵向左转 5°

C. 向右转动舵轮,使舵向右转 5°

23. 操舵中,当听到"向右 5°"是指_____。
　　A. 将舵向左,转到 5°
　　B. 将舵向右,转动 5°
　　C. 操舵使航向向左改变 5°

24. 在狭水道航行,当听到"把定"口令时,正确的操舵方法是_____。
　　A. 操舵试舵始终处于正舵位置
　　B. 操舵使船首始终对准前方移动的船舶
　　C. 操舵使船首航向不变,或使船首对准前方较明显固定目标
　　D. 操舵使舵轮指示器和舵角指示器保持一致

25. 在随动操舵中,如发现船首有规律的向右偏转时,应向_____。
　　A. 右舵来抵制　　　　　　　　　B. 左舵来抵制
　　C. 右改变航向　　　　　　　　　D. 左改变航向

26. 英文"Midship"的中文含义_____。
　　A. 回舵　　　　　B. 中舵　　　　　C. 把定　　　　　D. 完舵

27. Ease helm（or ease the whell)的中文含义是_____。
　　A. 回舵　　　　　B. 正舵　　　　　C. 把定　　　　　D. 完舵

28. 英文"Steady"的中文含义是_____。
　　A. 回舵　　　　　B. 正舵　　　　　C. 把定　　　　　D. 完舵

29. 英文"Nothing to port"的中文含义是_____。
　　A. 不要偏右　　　　B. 不要偏左　　　　C. 什么舵

30. 英文"Coursagain"的中文含义是_____。
　　A. 航向多少　　　　B. 完舵　　　　C. 回舵　　　　D. 航向复原

31. 操舵方式中的应急操舵是指_____。
　　A. 随动操舵方式　　B. 手柄操舵方式　　C. 自动操舵方式

32. 自动舵的调整包括_____。
① 天气调节;② 比例调节;③ 反对叫调节;④ 压舵调节;⑤ 零位修正调节
　　A. ①②③　　　　B. ①②③④　　　　C. ①②③④⑤

33. 调节自动舵系统开始投入工作的最小偏角,也就是调节系统的大小的是_____。
　　A. 灵敏度调节　　　B. 舵角调节　　　C. 微分调节

34. 当风平浪静的条件下船舶重载时,应使灵敏度调节____、比例调节_____、微分调节_____。
　　A. 小　大　小　　　B. 大　大　小　　　C. 大　小　大

35. 用来抵消单侧偏航作用的调节属于_____。
　　A. 比例调节　　　　B. 天气调节　　　　C. 压舵调节

36. 在使用自动舵用来改变航向时,如需改变较大角度,应分次进行,一般每次改变不超过_____。

    A. 5°   B. 10°   C. 15°

37. 舵角指示器在最大舵角时的指示误差,机械的应不超过_____,电动的应不超过_____。

    A. ±1° ±2°   B. ±2° ±3°   C. ±2° ±1°

38. 舵角指示器在正舵的指示误差应为_____。

    A. 0°   B. 不超过 ±0.5°   C. 不超过 ±1°

39. 自动操舵与随时操舵的转换应每_____进行一次。

    A. 1 h   B. 2 h   C. 4 h

40. 对舵设备应_____进行一次全面检查和保养工作,对备用操舵装置的活络部分应_____进行检查,加以润滑,以保证其性能良好。

    A. 每季度 每半年   B. 每季度 每季度   C. 每半年 每季度

41. 按规范规定,主操舵装置应具有足够能力,足以在最大营运航速时进行操纵,任何一舷_____转至另一舷_____的时间不超过_____。

    A. 35° \35° \30 s   B.35° \30° \30 s   C.35° \30° \28 s

42. 辅助操舵装置按规范规定,足以在最大营运航速一半或 7 节前进时进行操纵,自任何一舷_____转至另一舷_____的时间不超过_____秒。

    A. 35° \30° \28 s   B. 15° \15° \28 s   C. 15° \15° \60 s

任务五　船舶系、解缆作业

一、任务内容

(一)人员分工

驾驶台:船长、三副和操舵水手。

船首部:大副、木匠和水手。

船尾部:二副、水手长和水手。

船长是全船的指挥者。大副和二副分别是船首、船尾现场负责人。木匠与水手长分别在船首、船尾操作锚机和绞缆机。

带缆作业口令按国家标准的规定由驾驶台传达到船头或船尾。大副、二副听到口令后应复述一遍,以免出错。

（二）系缆作业

1. 系船缆

图 1-6 缆绳系码头图

（1）首缆或头缆：其作用是防止船舶后移和船首向外偏转。

（2）首横缆或前横缆：其作用是防止船首向外移动。

（3）首倒缆或前倒缆：其作用是防止船舶前移和船首向外偏转。

（4）尾倒缆或后倒缆：其作用是防止船舶后移和船尾向外偏转。

（5）尾横缆或后横缆：其作用是防止船尾向外移动。

（6）尾缆：其作用是防止船舶前移和船尾向外偏转。具体位置见图 1-6。

2. 系缆的配置

（1）系船缆一般根据舾装数的大小，在《钢质海船入级与建造规范》的列表中查得应配置的系缆的数量、长度、规格和破断负荷。

（2）万吨级船舶一般备有首、尾缆各 3 ～ 4 根，前后倒缆左、右舷各 1 根，备用缆前后各 1 ～ 2 根，保险缆（兼作拖缆）前后各 1 根。

3. 带缆前的准备工作

（1）检查工作人员工作服、工作鞋、安全帽是否符合工作要求，简述靠泊计划并分配工作任务。

（2）缆绳的准备。

① 清理工作场所，揭开缆绳盖罩，根据泊位和天气情况清理系缆所需缆绳。

② 事先将需要用的缆绳倒出一部分排在甲板上，并把琵琶头移到各自的导缆孔前。

③ 如果系缆不太笨重，则可将系缆的琵琶头穿过导缆孔送至舷外，再回搭在舷墙或栏杆上。

（3）绞缆机械的准备。

将绞缆机加油并试车，使其处于良好状态。

（4）撇缆绳的准备，撇缆绳首尾各 2 ～ 3 副。

（5）制索绳的准备。

（6）备妥通信设备、碰垫和挡鼠板等。夜间作业还应备妥照明灯。准备工作完毕，应向驾驶台报告。

4. 撇缆

在撇缆前要先打招呼，带缆结束后应将撇缆绳收回。

5. 出缆

与码头工人配合,先带首倒缆,再陆续带好其他缆绳,如果码头吹开风,还需要带横缆。出缆时,缆绳应缓缓送出,应距离出缆孔 1 m 用手控制出缆速度。

6. 绞缆

待码头工人将琵琶头套上缆桩后,首尾配合,交替将各个缆绳绞紧。如果有绞不动的情况,切勿盲目硬绞,查明原因再绞。缆绳受力要均匀,应考虑潮水涨落及装卸货对吃水的影响。

7. 上桩

上桩应挽"8"字花,化纤缆至少 4 道,钢丝缆至少 5 道,化纤缆和钢丝缆不能同时挽在同一缆桩上。

8. 结束工作

带缆结束后,应挂好防鼠挡,清理现场,经船长同意后离开。

(三)解缆操作

1. 准备工作

(1)解缆前做好各项准备工作,如锚机和绞缆车应备车加油,准备好制索绳、碰垫,还应先收进舷外物品和挡鼠板。

(2)检查各带缆桩上的缆绳情况,排除缆绳相互叠压的现象,以免妨碍解缆。

(3)准备工作完毕,向驾驶台报告。

2. 解缆

(1)得到单绑命令后,将一些不影响操纵的缆绳解掉收回,而将操纵需要和易于解脱的缆绳留下。一般只留首缆、首倒缆、尾缆、尾倒缆 4 根系缆。当单绑完毕并且船员各就各位后,向驾驶台报告"单绑完毕"。

(2)解缆时,先用制索绳(链)在系缆上打一个半结,以控制系缆解开时的下滑速度。当系缆完全松弛时,码头水手将系缆琵琶头从码头缆桩上取下。

3. 收缆

当系缆从码头解下后,应迅速上卷筒绞收。尤其是尾部缆绳或拖缆,以免妨碍动车。最后 1 根系缆出水后,应向驾驶台报告。

4. 结束工作

将缆绳整理盘好,盖上帆布罩,收好各种用具,清扫首尾甲板。

(四)系解缆操作的安全注意事项

1. 工作人员注意力要集中,执行命令迅速、准确。

2. 工作人员应穿工作服、戴安全帽和手套,以防擦伤。

3. 带缆、解缆前的各项工作必须提前做好。

4. 在撤缆前要先打招呼。

5. 出缆时应使带缆缓缓送出,以减轻拖缆拉力。

6. 在绞缆过程中有关人员应注意缆绳受力情况,不可站在缆绳、导缆钩、卷筒附近以防断缆伤人。

7. 严禁站在缆绳圈中或两脚跨住缆绳。

8. 收缆时,应得到码头解缆人员招呼后才可绞收。

9. 绞收缆绳时必须首尾兼顾,首尾缆交替绞进,各根带缆受力均匀。

10. 凡有缆绳扭结时,一定要立即解清,才能继续作业。

11. 缆绳要挽在缆桩上,不宜挽在绞缆机上。

12. 首缆、尾缆与首尾线所成的角度要适中。

13. 保护好缆绳,防止磨损。

14. 值班人员必须注意气象和水位的变化,及时调整缆绳,使之受力均匀。

二、情境题

1. 分组配合操作,每组 4～5 人,小组成员自行商定各自的岗位和任务。

2. 小组长整队向评估员请示报告后进行系、解缆操作准备。

3. 准备工作完成向评估员请示报告后开始操作,完成撇缆、出缆、绞缆、挽桩、解缆、收缆等操作。

4. 操作结束,组长整队向评估员报告。

三、练习题

1. 不属于系泊设备的是_____。

    A. 系船缆、导缆装置

    B. 绞缆机械、卷缆车及属具

    C. 锚、锚链

2. 头缆主要承受_____。

    A. 来自船尾方向的作用力,防止船位前移

    B. 船首方向风流的外力作用,防止船身后退和船首外移

    C. 吹开风的作用力,防止船头外张

3. 前(后)横缆的作用是_____。

    A. 主要承受来自船尾方向的作用力,防止船位前移

    B. 主要承受吹开风的作用力,防止船头(尾)外张

    C. 主要作用是防止船身后退

4. 从船头或船尾送出,其前端琵琶头与浮筒环接的系缆称为_____。

    A. 单头缆   B. 回头缆   C. 横缆

5. 在船头或船尾,由一舷送出,穿过浮筒环后再从另一舷拉回船上系牢,这种缆称为_____。

    A. 单头缆   B. 回头缆   C. 倒缆

6.5 万吨左右以上船舶除首、尾缆及前后倒缆有所增加外,因船长较大,往往在船中部还要增带几根缆,可以根据本船情况而定。　　　　　　( )

    A. 对　　　　　　　　B. 错

7. 船舶系靠码头时,为了防止鼠类沿着缆绳来往,系缆带好后要挂上挡鼠板。
　　　　　　　　　　　　　　　　　　　　　　　　　　　　　　( )

    A. 对　　　　　　　　B. 错

8. 化纤缆和钢丝缆可以挽在同一双柱缆桩上。　　　　　　　　　( )

    A. 对　　　　　　　　B. 错

9. 导缆装置的作用是_____。

① 导引系船缆从舷内同向舷外;② 改变方向;③ 限制其导出位置;④ 减少缆绳磨损的装置

    A.①②　　　　　　B.①②③　　　　　　C.①②③④

10. 头缆的作用是主要承受吹开风的作用,防止船头外张。　　　( )

    A. 对　　　　　　　　B. 错

11. 绞缆时,持缆水手不要太靠近卷筒,应站在卷筒后方面向卷筒,兼顾身后缆绳是否顺。　　　　　　　　　　　　　　　　　　　　　　　　( )

    A. 对　　　　　　　　B. 错

12. 以下哪项是错误的_____。

    A. 防鼠挡板作用是防止鼠类来往于船岸之间

    B. 每根系船缆上必须有防鼠挡

    C. 若系靠的码头没有老鼠,可以不放防鼠挡

13. 船用缆头的配备是根据_____配置。

    A. 船舶的装数　　　B. 船舶的长度　　　C. 船舶的载重量

14. 船用钢丝缆在养护周期的养护要点为_____。

① 除锈上油;② 断丝超过规定者换新;③ 保持活络;④ 断丝超过规定者插接

    A.①②③　　　　　　B.②③④　　　　　　C.①③④

15. 固定在甲板上用于系挽缆绳的桩柱叫_____。

    A. 带缆绞盘　　　B. 带缆绞车　　　C. 挽缆装置

16. 带缆固定装置有_____。

    A. 导缆装置　　　B. 挽缆装置　　　C. 绞缆装置　　　D. ABC 均对

17. 船舶系船缆和拖缆的数量和长度的配置是按_____。

    A.《钢制海船入级与建造规范》规定的标准配备的

    B. 根据船舶的实际需要配备的

    C. 以上均对

18. 船舶系浮筒固泊位的带缆通常有_____。

A. 八字缆　　　　B. 单头缆　　　　C. 回头缆　　　　D. B和C都对

19. 系船缆的作用是_____。

　A. 可抵抗来自船首、为方向的风流影响

　B. 可以使船舶贴靠码头

　C. 可以抵抗吹开风影响

　D. 以上均对

20. 绞收系船缆时操作人员的安全注意事项是_____。

　A. 注意人不可站在绳索的受力处和绳圈中

　B. 若使用人力绞收,必须先将绞盘和棘爪转到同一个方向,防止绞盘
受力后反转伤人

　C. 绞收时,注意缆绳受力的动态,防止突然受力而绷断

　D. 以上均对

22. 系船缆在带缆桩(双柱桩)上通常挽成"8"字形,钢丝绳应至少挽_____道后,再系个系缆活结;纤维绳应至少挽_____道,可防止系船缆从缆桩上松动滑出。

　A. 5/4　　　　B. 3/2　　　　C. 无任何要求　　　　D. 以上均错

23. 绞缆过程中如果绞缆机受力很大绞不动时,应_____。

　A. 硬绞

　B. 突然增大率

　C. 稍停片刻,待船身向码头移动、缆绳有所松缓时再绞

24. 如果前缆和倒缆都张紧,缆绳需松时,应_____。

　A. 松出处于下风、顺水不吃力的缆绳

　B. 松处处于上风、吃力的缆绳

　C. 松出处于下风、顺水吃力的缆绳

25. 绞收缆绳时必须_____。

　A. 首尾兼顾,首、尾缆交替绞进

　B. 先收船首缆绳,再收船尾缆绳

　C. 先收船尾缆绳,再收船首缆绳

26. 首缆、尾缆与首尾线所成的角度_____。

　A. 尽量打　　　　B. 要适中　　　　C. 尽量小

27. 船舶系靠浮筒,一般是_____。

　A. 先带船首单头缆,次带船尾单头缆绳,再去船首带回头缆,最后带
船尾回头缆

　B. 先带船尾单头缆,次带船首单头缆绳,再去船首带回头缆,最后带船
尾回头缆

   C. 先带船首单头缆,次带船尾单头缆绳,再去船尾带回头缆,最后带船
     首回头缆

28. 松缆绳时,可用脚踏缆绳来控制松放速度。 （　　）

   A. 对　　　　　　　　　　　B. 错

29. 船舶受涨、落潮水或装卸货的影响,将会使带缆松弛或张紧,必须经常
检查,及时调整缆绳受力,避免发生断缆事故和船尾偏荡。 （　　）

   A. 对　　　　　　　　　　　B. 错

30. 系解缆操作出缆时应使带缆迅速送出,以减轻拖缆拉力。 （　　）

   A. 对　　　　　　　　　　　B. 错

31. 系离浮筒操作时,船尾收绞缆速度要快,以免影响动车,要防止缆绳绞
缠螺旋桨。 （　　）

   A. 对　　　　　　　　　　　B. 错

32. 带缆作业时的安全注意事项有_____。

   ① 工作人员应戴安全帽、皮手套,穿工作服,工作鞋衣服的袖口应扣紧;② 绞
缆时应服从指挥,不能应绞或突然加大功率;③ 挽缆时,紧握缆绳的双手应始
终处于缆桩的外侧,以防夹手;④ 严禁站在绳圈中间或骑跨缆绳

   A. ①②　　　　　　　B. ①②③　　　　　　C. ①②③④

33. 带缆前的准备工作主要有_____。

   ① 缆绳的准备;② 绞缆机械的准备;③ 撇缆绳的准备;④ 制锁绳的准备

   A. ①②　　　　　　　B. ①②③　　　　　　C. ①②③④

34. 绞缆过程中,应及时松_____。

   A. 外档锚链　　　　　B. 内档锚链　　　　　C. 两边锚链

35. 化纤缆在挽桩时,应在缆桩上饶"8"字形至少_____道。

   A. 2　　　　　　　　　B. 3　　　　　　　　　C. 4

36. 单绑(Single up)是指将一些不影响操纵的缆绳解掉收回,而将操纵需
要和易于解脱的缆绳留下,一般只留_____。

   A. 首缆和前倒缆、尾缆或后倒缆各留 1 根

   B. 首缆和前倒缆、尾缆或后倒缆各留 2 根

   C. 只留首缆和尾缆

37. 挽双柱缆桩时,缆绳应绕过前面一根缆绳,然后再"8"字挽牢,使两根
桩均衡受力。 （　　）

   A. 对　　　　　　　　　　　B. 错

38. 绞缆时,需由操作人员迅速将缆绳由下向上缠绕在绞缆机滚筒上。
                                     （　　）

   A. 对　　　　　　　　　　　B. 错

39. 船舶靠码头时,船上人员向码头撇缆,一般常用_____。

    A. 抛投式　　　　　B. 旋转式　　　　　C. 码头式　　　　D. 离心式

40. 码头人员向船舶撇缆一般常用_____。

    A. 抛投式　　　　　B. 旋转式　　　　　C. 码头式　　　　　D. 离心式

41. 船上人员向码头撇缆时,在何种情况下可采用旋转式_____。

    A. 要求撇出更远距离时　　　　　　B. 向高处撇缆

    C. 船首　　　　　　　　　　　　　D. 宽敞甲板,无障碍物时

42. 松缆绳时,为确保安全应_____。

    A. 用脚踏缆绳来控制松放速度

    B. 用锚机来控制松放速度

    C. 用缆机来控制松放速度

    D. 用制索绳打一半结控制松放速度

43. 绞缆时,钢丝缆绳应在锚机滚筒上绕_____。

    A. 1～2 圈　　　　B. 2～3 圈　　　　C. 3～4 圈　　　D. 4～5 圈

44. 绞缆时,缆绳不可重叠,一人双手拉持缆绳站在距离绞滚筒后_____。

    A. 0.5 m 处　　　　B. 1 m 处　　　　C. 1.5 m 处　　　D. 2 m 处

45. 缆绳挽在双柱缆桩上,应采用_____。

    A. 小挽的方法　　　　　　　　　　B. "8"字形挽法

    C. 平行挽法　　　　　　　　　　　D. "0"字形挽法

46. 缆绳需松出时,应松出_____。

    A. 处与上风、顶水吃力的缆绳

    B. 处于下风、顺水不吃力的缆绳

    C. 处于上风舷的缆绳

    D. 处于下风舷的缆绳

47. 松出绷紧的缆绳时,不宜将缆绳脱离缆桩,应将缆桩上的缆绳_____。

    A. 先上后下分数次缓缓松出

    B. 先下后上分数次缓缓松出

    C. 先前缆桩再后缆桩缓缓松出

    D. 先后缆桩再前缆桩缓缓松出

48. 单绑是指将一些什么样的缆绳解掉_____。

    A. 前倒缆　　　　　　　　　　　　B. 后倒缆

    C. 尾缆　　　　　　　　　　　　　D. 不影响操纵的缆绳解掉

49. 绞缆时,当缆绳琵琶头将通过导缆孔或导缆钳时应_____。

    A. 加快绞缆速度　　　　　　　　　B. 放慢绞缆速度

    C. 停止绞缆　　　　　　　　　　　D. 随意

50. 为防撇缆时,撇缆头击伤人,应_____。

    A. 用力撇缆   B. 戴安全帽

    C. 离船舷近些   D. 先打招呼

51. 船舷靠码头绞收缆绳时,应做到_____。

    A. 先绞紧首缆   B. 先绞紧尾缆

    C. 先绞紧首缆和前倒缆   D. 首尾缆交替绞紧

52. 船舶系浮筒时,用作回头缆的应是_____。

    A. 化纤绳   B. 植物纤维

    C. 钢丝绳   D. 锚链

53. 收绞回头缆前用细绳将回头缆扎拢缚牢,其目的是_____。

    A. 便于脱钩   B. 以防琵琶头勾挂他物

    C. 便于解缆人员操作   D. 以防刺伤操作人员

54. 英语 Stop heaving（or avast heaving)是指_____。

    A. 挽牢   B. 放松一点   C. 挺绞   D. 单绑

55. 英语 Make fast 是指_____。

    A. 挽牢   B. 放松一点   C. 挺绞   D. 单绑

56. 英语 Slack a little 是指_____。

    A. 挽牢   B. 放松一点   C. 挺绞   D. 单绑

水手值班实操评估题卡
项目一:船舶常用号灯、号型、声响和灯光信号
(选考项目,二选一)

评估内容	识别号灯、号型
评估要求	1. 考生从给定的号灯、号型图片中自行抽选五幅或由评估员从号灯、号型示意图中任意指定五幅图片。 2. 由考生一一进行识别。
评分标准	满分 10 分,每幅图片 2 分;以正确识别的数量计分。

水手值班实操评估题卡
项目一:船舶常用号灯、号型、声响和灯光信号
(选考项目,二选一)

评估内容	识别声响灯光信号
评估要求	1. 考生任意抽选小题卡(每张题卡上给出五种声响信号供考生识别)或由评估员从"船舶互见中的操纵和警告信号"和"能见度不良时使用的声号"中任意提问五种信号。 2. 由考生一一说明其含义。
评分标准	满分 10 分,每种声响信号 2 分;以正确说明的数量计分。

水手值班实操评估题卡
项目二:主要航海国家的国旗和挂旗方法(必考项目)

评估内容	国旗信号旗识别与挂旗操作
评估要求	1. 国旗识别:考生从给定的国旗图片中自行抽选五幅或由评估员任意指定五幅图片进行识别。 2. 挂旗:由评估员指定要悬挂的国旗,考生进行取旗、挂旗、降旗、折叠、存放操作。
评分标准	满分 20 分。国旗识别中,每面 2 分;挂旗操作中,取旗、挂旗、降旗、折叠、存放五个步骤每步 2 分。 若本项成绩不足 12 分,则整个水手值班模块总评成绩为不及格。

水手值班实操评估题卡
项目三:操舵(必考项目)

评估内容	手动操舵与操舵方式的转换
评估要求	1. 手动操舵:考生根据评估员给出的舵令按正确姿势和操舵要领独立进行舵令复诵、施舵、报告等操作。评估员给出的舵令应至少包括舵角转换、航向改变和把定等五个舵令。 2. 操舵方式的转换:考生根据评估员的要求完成不同操舵方式的相互转换操作或口述回答。
评分标准	1. 手动操舵满分30分。每个舵令完成情况计6分,评估员根据考生舵令熟练程度、操作的速度和质量等酌情评分。 2. 操舵方式的转换满分20分。评估员根据考生回答或操作的熟练程度、准确度等酌情评分。 (1)操作或回答准确、熟练(20分); (2)操作或回答准确、比较熟练(16分); (3)操作或回答准确、熟练程度一般(12分); (4)操作或回答较差(8分); (5)操作或回答差(4分); (6)不能操作或回答(0分)。 3. 由上述两小项的得分累计得出操舵项目的成绩。若本项成绩不足30分,则整个水手值班模块总评成绩为不及格。

水手值班实操评估题卡
项目四:船舶系离泊作业(选考项目)

评估内容	靠、离码头的系、解缆操作
评估要求	1. 抽到该项评估的考生在考场临时分组配合操作,每组4~5人,小组成员自行商定各自的岗位和任务。 2. 小组长整队向评估员请示报告后进行系、解缆操作准备。 3. 准备工作完成向评估员请示报告后开始操作,完成撇缆、出缆、绞缆、挽桩、解缆、收缆等操作。 4. 操作结束,组长整队向评估员报告。
评分标准	1. 满分20分。考生须回答自己所在岗位的安全注意事项计4分,评估员根据考生回答情况和考生的站位、操作质量、配合意识、安全性等评定个人成绩。 (1)操作及回答准确、熟练(20分); (2)操作及回答准确、比较熟练(16分); (3)操作及回答准确、熟练程度一般(12分); (4)操作及回答较差(8分); (5)回答差(4分); (6)不能回答(0分)。 2. 若本项成绩不足12分,则整个水手值班模块总评成绩为不及格。

水手值班实操评估题卡

一、1.1 项题卡举例

号灯、号型	船舶种类
（1）白天一个圆柱体，晚上垂直三盏环照红灯	
（2）白天锥尖相对的两个锥形体，晚上上绿下白两环照灯	
（3）白天一个菱形体，晚上垂直三盏桅灯、舷灯、尾灯、拖带灯	
（4）白天垂直三个黑球，晚上锚灯和垂直两盏环照红灯	
（5）白天一个锚球，晚上舷灯、尾灯、上白下红两盏环照灯	

水手值班实操评估题卡

二、1.2 项题卡举例 1

1. 船舶互见中的操纵和警告信号

信号的意义	应鸣放的警告信号
（1）在航机动船：我正在向右转向	
（2）在航机动船在狭水道或航道：我企图从你船的右舷追越	
（3）对你船的意图或行为无法了解或有怀疑	

2. 能见度不良时使用的声号

船舶种类及状态	应鸣放的声号
（4）在航机动船已停车且不对水移动	
（5）操纵能力受限船	

三、1.2 项题卡举例 2

1. 船舶互见中的操纵和警告信号

信号的意义	应鸣放的警告信号
（1）在航机动船：我正在向后推进	
（2）在航机动船在狭水道或航道：同意追越	
（3）船舶在驶近可能被居间障碍物遮蔽的他船的水道或航道的弯头或地段时	

2. 能见度不良时使用的声号

船舶种类及状态	应鸣放的声号
（4）在航机动船对水移动	
（5）失控船	

四、1.2 项题卡举例 3

1.船舶互见中的操纵和警告信号

信号的意义	应鸣放的警告信号
(1)在航机动船:我正在向左转向	
(2)在航机动船在狭水道或航道:我企图从你船的左舷追越	
(3)船舶在驶近可能被居间障碍物遮蔽的他船的水道或航道的弯头或地段时	

2.能见度不良时使用的声号

船舶种类及状态	应鸣放的声号
(4)限于吃水船	
(5)船长 < 100 m 的锚泊船	

题卡答案

一、1.1 项题卡举例 1

号灯、号型	船舶种类
(1)白天一个圆柱体,晚上垂直三盏环照红灯	限于吃水船
(2)白天锥尖相对的两个锥形体,晚上上绿下白两环照灯	拖网渔船
(3)白天一个菱形体,晚上垂直三盏桅灯、舷灯、尾灯、拖带灯	从事拖带的机动船且拖带长度大于 200 m
(4)白天垂直三个黑球,晚上锚灯和垂直两盏环照红灯	搁浅船
(5)白天一个锚球,晚上舷灯、尾灯、上白下红两盏环照灯	引水船

二、1.2 项题卡举例 1

1.船舶互见中的操纵和警告信号

信号的意义	应鸣放的警告信号
(1)在航机动船:我正在向右转向	一短声
(2)在航机动船在狭水道或航道:我企图从你船的右舷追越	两长声一短声
(3)对你船的意图或行为无法了解或有怀疑	至少五短声

2.能见度不良时使用的声号

船舶种类及状态	应鸣放的声号
(4)在航机动船已停车且不对水移动	两长声
(5)操纵能力受限船	一长两短声

三、1.2 项题卡举例 2

1. 船舶互见中的操纵和警告信号

信号的意义	应鸣放的警告信号
（1）在航机动船：我正在向后推进	三短声
（2）在航机动船在狭水道或航道：同意追越	一长一短一长一短
（3）船舶在驶近可能被居间障碍物遮蔽的他船的水道或航道的弯头或地段时	一长声

2. 能见度不良时使用的声号

船舶种类及状态	应鸣放的声号
（4）在航机动船对水移动	一长声
（5）失控船	一长两短声

四、1.2 项题卡举例 3

1. 船舶互见中的操纵和警告信号

信号的意义	应鸣放的警告信号
（1）在航机动船：我正在向左转向	两短声
（2）在航机动船在狭水道或航道：我企图从你船的左舷追越	两长声两短声
（3）船舶在驶近可能被居间障碍物遮蔽的他船的水道或航道的弯头或地段时	一长声

2. 能见度不良时使用的声号

船舶种类及状态	应鸣放的声号
（4）限于吃水船	一长两短声
（5）船长 < 100 m 的锚泊船	一短一长一短声

项目二　　**水 手 工 艺**

工匠是产业发展的重要力量,工匠精神是创新创业的重要精神源泉。习近平总书记指出,要努力培养更多高素质技术技能人才、能工巧匠、大国工匠,为全面建设社会主义现代化国家提供有力人才保障。"执着专注、精益求精、一丝不苟、追求卓越",有着深厚历史沉淀的工匠精神正激励着中华儿女在新征程上创造新的辉煌。

任务一　常用绳结的用途和打法

一、任务内容

(一)丁香结(Clove hitch)

用途:用以连结绳索于圆材、栏杆与其他类似装置上。

打法:此结由两个绕转组成。绳头在圆柱上绕一圈后压住绳根,再绕一圈,然后从第二个绳圈的绳根下引出,收紧即成,见图 2-1。

注意事项:绳头不能留的太短,绳结要收紧。

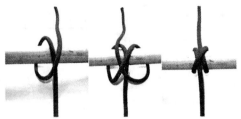

图 2-1　丁香结

(二)单套结(Bowline)

用途:此结用途很广,做一临时绳圈,可以套在系缆桩上;也可以连接两条大缆;连结撇缆与大缆;更主要的是绕在被救人员的腰部做安全带使用。

图 2-2　单套结

打法：（1）右手握住绳索的末端，以左手握住固定段，将末端放在固定段上形成一个索套；

（2）以右手食指在上，右拇指在下捻住索套交叉点上；

（3）左手握索套左边的索断，右手拇指仍捻住索套向上翻转，此时索套之索段被转形成一小圈，其末端由此小圈伸出；

（4）左手将末段由下方绕过固定段，再由上向下穿过小圈；

（5）最后以左手握住固定段，右手执末段，用力向左右拉紧即成，见图 2-2。

（三）平结（Reef knot）

用途：两根粗细相近的小绳相连接用，见图 2-3a。

（a）

图 2-3　平结、缩帆结

（b）

图 2-3　留有双活头的平结（缩帆结）

打法：（1）首先将两绳之末端形成反手结；

（2）次将两末端交叉成索套；

（3）最后将任何一条索之末端穿过该索套，收紧即成（为便于解开，将平结的一条绳头做成活头即缩帆结，见图 2-3b）。

注意：同一绳的绳根与绳头须同在索套的上面或下面，否则虽可连结，但一经受力即被滑脱。另外，绳头不能留太短，以防受力滑脱。

（四）"8"字形结（Figure of eight knot）

用途：防止绳索在任何眼环或滑车中滑脱。

反手结亦有此功能，但因不易解开，故通常多用"8"字形结，其结法简单，见图 2-4。

图 2-4 "8"字形结

打法：将绳头压住绳根，成一绳圈，然后绳头再反向绕过绳根后穿入绳圈收紧即成。

（五）双套结（Bowline on a bight）

用途：为吊送工作人员至舱底或船边，从事各种工作，使用时以小索套支持两臂，大索套承受臀部，需要双条绳打结。

打法：(1)(2)(3)各动作与单套结相同，最后动作是将末段形成的小索套（即末段因双条而成套）套进大索套，向上拉至顶端，然后收紧即成，见图 2-5。

图 2-5　双套结

（六）单索花（Sheet bend）

用途：用以连结绳索于小眼环或连结小索于大索，既不滑脱，又易解开。

打法：将绳头穿过眼环绕眼环绳根一周，再从绳根下面穿出，收紧即成，见图 2-6。

图 2-6　单索花

（七）双索花（Double sheet bend）

用途：同单索花，但比较稳定。

打法：在单索花的基础上，将绳头再绕绳根下穿出收紧即成，见图 2-7。

图 2-7　单索花和双索花

（八）圆材结（Timber hitch）

用途：用以吊起或放落木材或其他类似货品。

打法：此结系由两个绕转与两个反手结组合而成。将绳头绕圆柱一周后再绕绳根一周，然后折回，在圆柱的绳圈上面绕 2～3 圈，收紧即成，见图 2-8。

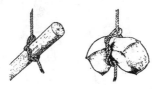

图 2-8　圆材结

（九）拖木结（又称木材半套结）（Timber hitch and half hitch）

用途：用以在水上拖曳长形木材或吊起落长形木材，使其有方向性亦防滑脱。

打法：此结系由木材套结与半套结组合而成。打好园材结后，再做一半结从物体端部套进收紧即成，见图 2-9。

图 2-9　拖木结

（十）缩短结（又称缩索结）（Sheep shank）

用途：用以暂时缩短绳索，以免切断浪费，如恐滑脱，可以小绳扎缚其两端，有时救生艇龙骨抓手索（Life boat keel grabline）也结有此索结。

打法：缩短结打法较多，以上为"Z"形打法，见图 2-10。

图 2-10 缩短结

（十一）立桶结（Barrel sling）

用途：用于系结桶、缸、罐、瓶状等物体，以保持竖立平衡，便于吊放或抬挑。

打法：先将绳中部套在物体下面，用上面两绳头系一反手结，并将结的中间拉开套在物体的周围收紧即成，见图 2-11。如物体较高，可按上法再套一圈，这样更为牢固。

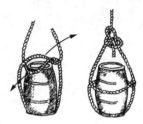

图 2-11 立桶结

（十二）撇缆活结（Heaving line slip knot）

用途：撇缆绳与系船缆相接，以便拉引系船缆。

打法：将撇缆绳绳头穿过系船缆眼环后，在绳根做一绳环，将绳头绕该环一圈以后，做一活头塞进绳环，收紧绳根即成，见图 2-12。

图 2-12 撇缆活结

（十三）系缆活结（Slip racking）

用途：用于防止挽在双桩上的钢丝绳弹出或松脱。

打法：用约 2 m 长的小绳，对折成双并将弯折而成的绳环从第三与第四道钢缆之间穿过，将另一边绳头做成活头，穿过绳环拉紧即成，见图 2-13。

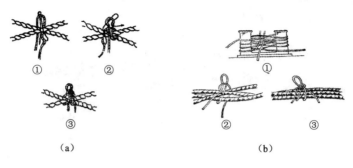

图 2-13 系缆活结

（十四）制（止）索结（又称掣索结）（Stepper knot）

用途：临时止住缆绳活动。

打法：化纤缆止索结使用双根的止索结，在大缆上面上下交叉缠绕 3 次以上，然后将两根止索绳并拢扭紧握在手中，见图 2-14。钢索止索结使用止索链，先在钢缆上逆向打一绳圈，收紧后再顺钢缆搓向缠绕几圈，用力握住绳端即成，见图 2-15。

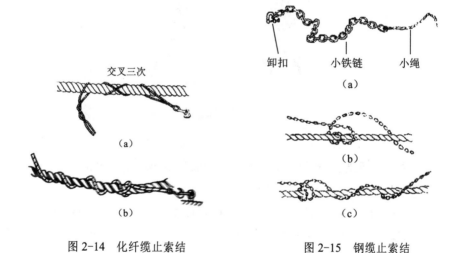

图 2-14　化纤缆止索结

图 2-15　钢缆止索结

（十五）鲁班结（Luban's hitch）

用途：用于吊放圆材或拖拉缆绳，防止绳索滑脱。此结比丁香结牢固。

打法：将绳端绕物体两周后压在绳干上，再将绳端绕物体一周从绳干的另一侧通过并穿过第三次构成的绳圈内，收紧即成（或比丁香结多绕一圈），见图 2-16。

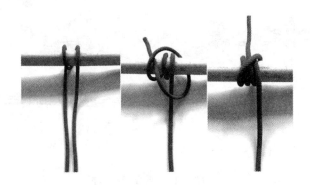

图 2-16　鲁班结

（十六）杠棒结（Carrying pole hitch）

用途：用于抬、挑或吊放物体。

打法：将一端绳头做成临时绳环，用另一端绳头一定距离处的绳索在眼环上绕一周后做成一个眼环，然后从两绳之间穿过，形成两个绳圈，收紧即可，见图 2-17。

图 2-17　杠棒结

注意：绳结打好后，两绳头不能留的太短，以防滑脱。

（十七）架板结（也称跳板结）（Plank stage hitches/stage hitch）

用途：用于架板绳连接架板用。

打法：一种方法是用架板绳的中间打架板结，系结后用架板绳的两端在栏杆上打架板活结固定。将架板绳中断放在架板上横档里面，两边绳索往下在横档下面交叉后绕到架板上，在横档外交叉，再将横档里面绕在架板上的那一段绳索拉长，从架板端部套入，收紧两边绳索，实际使用时还应用两边的绳索在横档两边各加做一绳圈套入横档，并要求绳圈套好后两边绳子出绳方向要一致，见图 2-18a。

另一种是用架板绳在离绳端约 2 m 左右处打架板结，然后把剩余绳端在长绳上系单套结，使架板保持平正，上面用架板绳的另一端系于栏杆或眼环上，烟囱搭架板常用这种方法。有些较长的架板，除在架板两端系架板结外，还需在架板中部加系架板结,用以加强架板的承受力,见图2-18b。

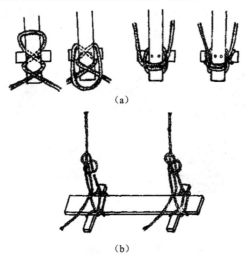

（a）

（b）

图 2-18　架板结

（十八）架板活结（Stage sling slip knot）

用途:将架板绳固定在栏杆上用。

打法:架板放在舷外后,将架板绳双绳在两栏杆上绕一周后,在两道栏杆之间分开,两绳各做成一绳环,左环从架板绳左侧伸出栏杆外,右环从右侧伸出栏杆外,用右环套左环,收紧右绳,再将右绳做一眼环,在栏杆外面穿入左环,收紧左绳,将右绳拉长到一定长度,使能绕两栏杆之间所有绳索打一半结即成,见图2-19。

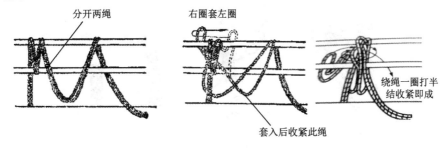

分开两绳　　　右圈套左圈

绕绳一圈打半
结收紧即成

套入后收紧此绳

图 2-19　架板活结

（十九）扎绳结（又称扎缚）（Seizing）

用途:是用适当小绳扎缚一条绳索的两端,或扎缚两根绳索使之靠紧,以抵抗拉力。

打法:（1）将末端结有眼环的小绳绕两索一圈后穿过眼环;

（2）继续绕两索段约 10 圈；

（3）将小绳末端折返,在两索段之间穿过所绕之绳圈,并穿过眼环；

（4）收紧各绳圈,并在绳圈上绕一纵向绳圈收紧,最后以丁香结缚紧小绳末端,见图 2-20。

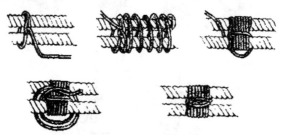

图 2-20　扎绳结

（二十）扎绳头（又称绳头扎束）（Whipping）

用途:是用小绳扎束绳索末端以防其松散。扎小索用线,扎大索用绳,合成纤维索则须用合成纤维绳或线。

打法:（1）将小绳或线沿绳索之末端放下,小绳线一端露出绳头稍许；

（2）小绳线另一端向索头方向缠扎索段与小绳线约 10 圈,每圈收紧；

（3）将小绳线反折成一绳段,其末端放在已缠扎的索段上；

（4）将原绳继续缠扎（连反折的一端缠在内）,直至接近绳头为止；

（5）将小绳两端收紧,使绳圈紧抱索段,最后剪去绳线两端露出部分即成,见图 2-21。

图 2-21　扎绳头

（二十一）挂钩结（Black wall hitch）

用途:用以迅速连结绳索于货钩上,所用的绳索最好与货钩尺寸差不多,若张力过大,则有滑脱危险。

打法:绳头绕钩把一圈后压在绳根下即成,见图 2-22。

图 2-22　挂钩结

（二十二）挂钩双结（Double black wall hitch）

用途：用以连结绳索于货钩上，惟绳索与货钩尺寸不同。

打法：将钩头结绳头留长，再绕钩把一周后，压在绳根下面即成，见图 2-23。

（二十三）水手结（Square knot）

图 2-23　挂钩双结

用途：高空作业时可用做临时的保险带，因为其有两个孔可套在两个大腿上，绳圈大小可以调节，可结合其他绳结一起作用。

打法：做出两个相同大小的绳环，分别扭转两个绳环，将在左边的绳环穿过右边的绳环，按照箭头所示，分别将 A、B 两部分穿过圆内，将其拉出并调整形状，最后拉紧即可，见图 2-24。

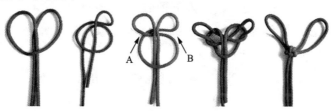

图 2-24　水手结

二、任务训练

1. 两绳相接或绑扎时常用哪些绳结？

2. 拖、曳、吊、扛物品时应用哪些绳结？

3. 绳索穿过圆形孔洞或绳端为防止滑脱应打什么结？

4. 高空作业中常用什么绳结？

5. 舷外作业中应用什么绳结？

6. 系泊作业中应掌握哪些绳结？

答案：

1. 单索花、双索花、平结、缩帆结、扎绳结。

2. 圆材结、拖木结、立桶结、杠棒结、鲁班结、缩短结。

3. "8"字形结。

4. 松降结、丁香结、单套结、双套结。

5. 架板结、架板活结。

6. 止索结、撇缆活结、系缆活结。

任务二 船用钢丝绳切断和眼环插接的方法

一、任务内容

船用钢丝绳切断和眼环插接的方法。

（一）钢丝绳插接工具

插接凳、铁笔、防护眼镜、手套、棉帆线等。

（二）钢丝绳切断

切断工具：电动钢丝绳切割机、液压钢丝切割器、大锤和斩斧。

（三）插接前准备

擦去油脂，扎绳头，散开 60 cm 左右散股。

（四）钢丝绳眼环插接（2～4 起头与 3～3 起头）

1. 2～4 起头、续插和收尾组成

起头（2～4 起头）：1、2、3、4 股同孔进、异孔出。

续插：异孔进、异孔出，共 20 笔。

收尾：抛 1、3、5 笔，插 2、4、6 笔；暗双花收尾。

2. 3～3 起头和收尾组成

（1）起头（3～3 起头）：1、2、3 股同孔进、异孔出，4、5、6 异孔进、异孔出。跑插顺序为 3、2、1、4、5、6。

（2）收尾：1、3、5 股跑插四花，2、4、6 股跑插五花。

（五）短插接

（1）起头：1～5 起头。

（2）续插：异孔进、异孔出。

（3）收尾：暗双花收尾。

二、任务训练

1. 钢丝绳插接都需要哪些工具？

2. 钢丝绳插接如何收尾？

答案：

1. 插接凳、铁笔、防护眼镜、手套、棉帆线等。

2. 收尾为1、3、5股跑插四花，2、4、6股跑插五花。

任务三　撇缆操作

一、任务内容

撇缆操作。

（一）抛投式（又称船舶式）

1. 步骤

（1）将撇缆绳尾端的眼环套在左手腕上。

（2）将撇缆绳按顺时针方向盘成大圈与小圈两部分，小圈的圈数依撇缆者右手能握的数量多少来决定，小圈的直径为30 cm左右，每圈盘理时不应有纽结。

（3）盘好后下垂的撇缆头距手掌50 cm左右，并应在绳圈外面。

（4）左手握大圈，右手抓住连同撇缆头的小圈，将目标置于左侧，约成70°～90°，两脚间距稍比肩宽，上身重心稍向下倾。

（5）抛出前先用右手在身体后右侧前后摆动1～2次，腰腿随着助摆，并控制撇缆头与绳圈同步摆荡，然后由身体带动右手由慢到快转向目标，借腰部的力量挺胸抢臂，顺势将右手的绳圈与撇缆头成45°抛出，同时乘势向前自然松出左手上的全部绳圈。

2. 注意

（1）不允许为用力抛出而使劲向身后甩动。

（2）出手时右肘部应朝上，并控制好出绳方向。

（3）最后将小圈部分距撇缆头50～80 cm处拧一绳圈绕其自身翻转3～4圈，穿过并兜住整个小绳圈，抛时握住该绳圈的两边。

3. 特点

抛出距离紧，但准确性高。

（二）旋转式

1. 步骤

（1）按抛投式做好准备工作。

（2）面对目标，拎起绳圈做摆动助掷动作后，左旋转体 360°，掌握在恰当的时机将撇缆绳一起抛出。

2. 注意

（1）旋转时一定要向左旋转。

（2）旋转要适度，并能在恰当的时机抛出。

3. 特点

（1）难度大，方向不好控制，需反复练习才能掌握。

（2）能抛出较远的距离。

（三）码头式

1. 步骤

（1）将撇缆绳尾端的眼环套在左手腕上，并抓住盘好的全部小绳圈。

（2）右手在距撇缆头 0.5～1 m 处折一道并抓住。

（3）面向目标，左脚在身前，右脚在后，右手自下而上、由后向前带动撇缆头，在身体右侧垂直旋转 1～2 周，然后右脚向前跨一步、转身，使撇缆头由上过渡到左边并向后荡去，借腰部力量，右手反手将撇缆头撇向目标，同时顺势向前松掉左手上的全部绳圈。

2. 注意

（1）撇缆头旋转方向要正确。

（2）出手要适当。

3. 特点

准确性高，但难度大，需反复练习。

（四）水平离心式

1. 步骤

（1）将撇缆绳尾端的眼环套在左手腕上。

（2）将撇缆绳按顺时针方向盘成由大渐小的圈，每圈盘理时不应有纽结。

（3）盘好后，下垂的撇缆头至地面的长度略高于人的身高。

（4）目视前方，使身体与目标成 160°～200°。

（5）右手腕带撇缆头在头上方旋转 3～5 圈。

（6）身体略向下蹲后腿，同时转身带臂将撇缆头抛出。

2. 注意

（1）旋转前一定要检查撇缆头，以防掉脱伤人。

（2）用力要适当。

3. 特点

抛投距离远。

二、任务训练

1. 撇缆操作注意事项有哪些？

2. 撇缆操作有哪几种方式？

答案：

1. ① 不允许为了用力抛出而使劲向身后甩动；

② 出手时右肘部应朝上，并控制好出绳方向；

③ 最后将小圈部分距撇缆头 50～80 cm 处拧一绳圈绕其自身翻转 3～4 圈，穿过并兜住整个小绳圈，抛时握住该绳圈的两边。

2. 抛投式（又称船舶式）、旋转式、码头式、水平离心式

任务四　常用编结、三股绳插接的用途和方法

一、任务内容

（一）常用编结的用途和方法

1. 扶索结

（1）用途

用作舷梯扶索绳头，绳索穿过圆孔，防止滑脱。

（2）编法

① 将绳端松开 6 花，绳头向上，自然形成三叉形。

② 将右手方向定为第一股，前面一股为第二股，剩下为第三股。将第一股压在第二股下面，第二股压住第一股并压在第三股下面，第三股压住第二股，并从第一股形成的眼环由下向上穿出，然后均匀收紧三股，形成三股都是由下向上穿。

③ 任取一股作为第一股，逆时针方向，其次为第二股、第三股，第一股压第二股并形成一个眼环，第二股压住第一股并压在第三股上面，第三股压住第二股并从第一股形成的眼环由上而下穿出，均匀收紧三股，形成三股都是由上而下穿。

④ 三股收紧后，每一股都紧挨一股绳，沿绳股后面由上向下再向上再向下穿一次，最后在绳根部穿出，待三股穿完后，自然形成一个球形——互相交叉、每大股都是由两小股组成而且平行。

⑤ 将每股从根部依次收紧。

2. 救生索编中结

（1）用途

编在救生索上，便于船员由救生索登艇。

救生索的周长不小于 54 mm,编制绳粗度约为救生索直径的 1/3,一般用粗 0.8 mm 以上、长 60 ～ 80 cm 的绳,每个编中结间距 50 cm,用编制绳 2 根。

(2)打法

将两根编结绳分别插在救生索上,成为 4 根绳股,其长度一致,编结方法同扶索结一样,只是扶索结是 3 股,而编中结为 4 股。

3. 拖把结

(1)用途

扎软拖把用。

特点:结实牢固、使用方便。

(2)打法

将绳子的中部放在左手虎口上,左手心向里,然后右手拿住左手背的一端绳,由外向里绕成一个绳环,并压在左手心的一端绳子上,再将左手心一端的绳子下面,从右向左穿过左手心中间紧贴手心的绳干,然后将左手翻过一面,左手拿住绳环,取任何一端绳头,顺时针方向绕过另一根绳干穿于中心孔内,另一头也同样方法绕过绳干穿于同一中心孔内,左手继续拿住环,将其中间的结收紧。

把结放在左手上,将所剩两绳头分开,照上述方法再打一个结即成。

4. 三股花箍

(1)用途

箍紧木碰垫、橡皮管等或装饰在栏杆处。

特点:此结箍紧后牢固,装饰美观。

(2)打法

此结可直接打在被箍物上,也可在手上编制。

左手心朝里,绳子放在左手虎口上,绳根在手背,绳头短,绳根长,用绳根压住绳头朝手背绕一周,用绳根压过第二道绳干,并穿过第一道绳干,然后在手背上将第二道压住第一道,将绳根穿过第一道绳干,这时在下面自然形成一个交叉点,将绳根穿过交叉点外被压的第一道绳干,绳根抬至手心一面,并将绳根顺着绳头出来处穿入,再将每道绳干绕 3 道,收紧即成。

5. 撇缆头结

(1)用途

包缠撇缆头。

特点:包缠紧密、均匀美观。

(2)打法

根据需要确定所用绳子的长度,用粗 0.8 mm 以上的绳子,手心向里,手背向外,将绳子在左手上按顺时针方向绕 4 ～ 5 道(根据需要确定),将绕好的绳圈从手心中脱出、转向,按顺时针方向在绳圈上再绕 4 ～ 5 圈,接着把绳子在已绕好的十字形绳圈的左右空隙中按逆时针方向穿 4～5 道,然后将准备好的铁球放入中间,依次将每股绳子都收紧,并排列整齐,最后将两绳头打结即成。

(二)三股绳插接的用途和方法

1.三股绳绳头反插

(1)用途

加强绳头强度,防止绳头散开,延长绳索的使用寿命。

(2)插法

左手握住绳头,右手将绳头松开四花(约为周长的 3～4 倍)。然后,左手握住散开的绳头向上,使绳头的各股自然松开,左手大拇指压住三股的根部,靠近右手的一股确定为第一股,在前面的一股为第二股,剩下的一股为第三股。顺搓向方向将第一股压第二股并形成一个眼环,第二股压住第一股再压第三股,第三股压住第二股从第一股形成的眼环内由上向下穿出,然后将各股收紧,任取一股为第一股,逆绳搓方向压一股挑一股,然后将另二股依次按上述办法穿插收紧,俗称第一花完毕。再依次插二花、三花,最后用木槌敲平各股,绳头留 1 cm 左右(根据绳子粗细),多余部分割去。

注意:插接时必须把各股收紧,绳头不宜留得太长或太短。

2.三股绳插琵琶头

(1)用途

用于带缆、套缆桩、连接等。

(2)插法

将绳头松开 4～6 花,根据所需眼环大小确定下笔位置,把第二股(中间股)逆绳搓方向穿过绳根最上面的一股,再将第一股(左侧)自第二股的左侧逆绳搓方向穿入绳根中的一股,把眼环翻转过来,将第三股(右侧)按逆插绳方向插入绳根一股,即从第一股绳头出来的孔下面穿入,从第二股穿入的孔穿出,使三股绳头从绳根三个不同方向穿出,然后将各股收紧。再选任一股作为第一股,逆绳搓方向压一股穿一股,接着将另二股依次插入,一花完成。同样插二花、三花,收紧各股。用木槌敲平后割去多余部分。

注意:绳头留得不宜太长或太短,纤维绳起笔后插三花(化纤绳最小 5 花)。

3.三股绳插眼环

(1)用途

延长索眼使用期限。

(2)插法

将绳端分开 4 花,分成一、二、三股,把套环置入索眼内,将第一股横向通过套环开口,逆绳搓方向插入紧邻的绳股中。把第二股压住第一股向前插入一股,再将索眼反转,把第三股逆绳搓方向插入相邻的绳股中,再把第一股插入相邻的绳股中,称为4笔起头。而后1、2、3花同插三股绳琵琶头的1、2、3花。

注意:第一笔插第一股,起头共4笔。套环又称嵌心环。

4. 三股绳短插接

(1) 用途

用于两根同样粗细的三股绳相连接。

(2) 插法

把相接的两根三股绳各松开3花,成三叉形,然后将两边绳股交叉接合,左手抓紧相交叉接合处,右手将右侧的绳股按插琵琶头的方法插3花收紧。左侧绳按上述方法依次插好3花,最后用木槌敲平,割去多余部分。

注意:两根搓向不同的绳索不能进行插接。插接后使用破断力约为原强度的90%。插接绳不能用在滑轮上。

二、任务训练

1. 常用的编结都有哪些?

2. 简述救生索编中结的打法与特点。

3. 简述撇缆头结的用途与特点。

答案:

1. ① 扶索结;② 救生索编中结;③ 拖把结;④ 三股花箍;⑤ 撇缆头结。

2. 将两根编结绳分别插在救生索上,成为4根绳股,其长度一致,编结方法同扶索结一样,只是扶索结是3股,而编中结为4股。

3. 用途:包缠撇缆头。特点:包缠紧密、均匀美观。

任务五   船体保养

一、任务内容

(一)除锈作业

1. 除锈(Derusting)及旧漆面的处理

(1) 除锈工具:手动、电动工具。

(2) 除锈方法

① 机械除锈(大面积):

a. 使用风动或电动除锈机除锈;

b. 水喷砂除锈(船厂坞修时对船壳和船底除锈)。

② 手工除锈(小面积或死角):

使用敲锈榔头、铲刀、钢丝刷、棉纱除锈。

注意事项：

① 佩戴防护眼镜；② 保持间距；③ 勿用力过猛。

（二）油漆作业

（1）油漆工具：手涂、滚涂、喷涂工具。

（2）油漆作业方法：手涂、滚涂、喷涂。

（3）注意事项：

① 气温（5℃～25℃）；

② 三顺（顺水、顺纹、顺光，即上层建筑上下刷，船壳左右刷）；

③ 稀稠适当（稠时可加适量稀释剂），忌流挂、花脸（刷子刮一下，勿蘸太多）；

④ 作业顺序（先上后下，先难后易，先里后外）；

⑤ 二度漆之间的时间间隔（面干 4 h，干透 24 h；面、底漆各需二度）；

⑥ 作业后的工具保管（短时间——浸水；长时间——稀释剂，洗净后再用肥皂水和清水洗）。

（三）高空作业的正确操作方法

1. 用具

（1）座板一个。

（2）上高绳一根（周长为 51～64 mm 的白棕绳，长度为作业最大高度的两倍多一点）。

（3）安全绳一根（足够长度）。

（4）辫子滑车 2 个。

（5）安全带 2 副。

（6）安全帽 2 顶。

（7）与作业有关的工具（如去锈工具、油漆等）。

2. 步骤

（1）将所有用具搬到作业甲板上，认真检查所有用具，保证绝对安全。

（2）用辫子滑车的绳索打一单套结，将上高绳的一端穿过辫子滑车，然后打一"8"字结，防止上高绳从滑车中滑出。

（3）上高工作人员系好安全带及保险绳，背着辫子滑车及座板绳，沿着桅梯爬到桅顶，爬梯时必须两手抓梯边栏杆，两眼向上看，一步一步爬上去，爬到桅顶后，高的一脚跨在梯档内，低的一脚站在梯档上，这样就可以腾出两手进行工作。首先系牢保险绳，然后在牢固合适的位置，将木滑车辫子绳用丁香结加半结系牢在桅柱上，如系在桅的栏杆上，就必须绕过两道栏杆后再用丁香结加半结系牢,并将绳头夹在两绳之间。

(4)桅上人员将座板绳有"8"字结的一头拉放到工作基面。工作基面上的人员用双索花将上高绳与座板连接,并留出 1 m 左右的绳头(用于打松降结),拉上高绳的另一端,使座板离甲板一段距离,双手抓住双股上高绳,两脚踩在座板上,用力蹬几下,检查座板及上高绳是否安全,然后将座板拉到桅顶。

(5)桅上人员在滑车下面将座板绳的力端和根端用左手抓紧,用右手在座板中间将座板绳力端的绳子提起来,与左手抓紧的两根绳子并在一起,这样左手抓住的绳子成为三股,用双索花将左手抓住的三根绳子用丁香结打牢适当收紧。

(6)桅上人员先用脚踩一下座板,检查是否安全,系好安全带和安全绳(协助人员适当松开,并在羊角桩或栏杆上系牢另一端),然后坐上座板,系好座板上的拦腰绳,用绳子吊上所需工具进行作业。作业一段时间后,当需要向下松降座板时,先松出适当长度的保险绳,然后左手双股握住上高绳,右手向上提起座板绳的活端,在重力的作用下座板就会自然下降,到合适的位置后,右手放开上高绳,座板就会自动停止,此时收紧松降结继续作业。

(7)座板放到工作基面时,解开松降结,收拾盘好,工作人员上桅顶先系牢保险绳,解下滑车,将其背在身上,解掉保险绳,从桅梯下来,清理现场,收拾好各种工具。

(四)舷外作业的正确操作方法

舷外作业是在船体外板进行清洁、除锈、油漆工作,一般在锚泊、系浮筒时进行。

1. 救生设备

舷外作业除上高作业相同的规则外,还要适当做好一旦作业人员落水时的救生工作。

2. 用具

(1)架板一块。

(2)甲板绳两根(长度为水面到船舷距离的两倍多的白棕绳)。

(3)安全绳及安全带各两根。

(4)安全帽4顶。

(5)拉拢绳一根(在船首、船尾搭架板时用)。

3. 步骤

(1)将所有的工具拿到现场,认真检查以确保安全。

(2)用甲板绳的中间部分打好架板结,把架板抬到舷外,架板横木长的一端向里,把外侧的绳拉直、受力,里侧放松,使架板正面面向船体。把架板放出舷外(所放高度处人员能轻松下去),拉起里侧的绳子,使架板正面向上放平,然后在舷边栏杆上打一架板活结。

（3）作业人员系好安全带,接牢保险绳到合适的长度固定在栏杆上。根据架板位置的高低放工作绳梯。

（4）甲板上协助人员要做好安全及其他事情,根据高度放松架板至达到要求为止。

二、任务训练

1. 除锈作业的注意事项有哪些?

2. 油漆作业三顺是指什么?

3. 高空作业的用具有哪些?

4. 舷外作业的用具有哪些?

答案:

1. ① 防护眼镜;② 间距;③ 勿用力过猛。

2. 顺水、顺纹、顺光,即上层建筑上下刷,船壳左右刷。

3. ① 座板 1 个;② 上高绳 1 根;③ 安全绳 1 根;④ 辫子滑车 2 个;⑤ 安全带 2 副;⑥ 安全帽 2 顶;⑦ 与作业有关的工具。

4. ① 架板 1 块;② 甲板绳 2 根;③ 安全绳及安全带各 2 根;④ 安全帽 4 顶;⑤ 拉拢绳 1 根。

水手工艺实操项目及题卡

一、水手工艺项目（100 分）

1. 常用绳结的打法和用途(20 分)。（必选）

2. 船用钢丝绳切断和眼环插接的方法(20 分)。（必选）

3. 能用各种姿势正确撇缆(20 分)。（必选）

4. 常用编结、三股绳插接的方法和用途,船体保养(2*20 分)。

（4.1、4.2 任选一项, 4.3、4.4、4.5、4.6 任选一项）

4.1 常用编结的插接方法和用途(20 分)。

4.2 三股绳插接的方法和用途(20 分)。

4.3 除锈作业(20 分)。

4.4 油漆作业(20 分)。

4.5 高空作业的正确操作方法及安全防范措施(20 分)。

4.6 舷外作业的正确操作方法及安全防范措施(20 分)。

二、水手工艺实操考试题卡（100 分）

项目 1 常用绳结的打法和用途（20 分）

评估内容	常用绳结的打法和用途
评估要素	1. 常用绳结的打法和用途（至少包括：缩帆结、丁香结、单套结、单索花、双索花、缩短结、撇缆活结、架板结、"8"字形结、拖木结、平结、杠棒结、鲁班结）。 2. 各绳结要求系结正确、迅速、适用、美观、易解。 （1）考生按照给定顺序和要求在 2 分钟内完成 10 个常用绳结； （2）考生回答评估员就绳结用途提出的问题。
评分标准	① 绳结的打法正确、熟练和用途回答正确（20 分）； ② 绳结的打法正确、比较熟练和用途回答基本正确（16 分）； ③ 绳结的打法正确、熟练程度一般和用途回答较正确（12 分）； ④ 绳结的打法较差、超出规定时间、打错 2 个绳结和用途回答较差（8 分）； ⑤ 绳结的打法差（4 分）； ⑥ 不能完成绳结（0 分）。 以正确识别的数量计分。若本项成绩不足 12 分，则整个水手工艺模块总评成绩为不及格。

项目 2 船用钢丝绳切断和眼环插接的方法（20 分）

评估内容	船用钢丝绳切断和眼环插接的方法
评估要素	① 船用钢丝绳切断操作； ② 眼环插接的方法（二、四，一、五，三、三,任选一种起头方法）； ③ 操作中的个人安全保护。
评分标准	① 操作中个人安全保护正确、钢丝绳切断和眼环插接准确、熟练（20 分）； ② 操作中个人安全保护正确、钢丝绳切断和眼环插接准确、比较熟练（16 分）； ③ 操作中个人安全保护正确、钢丝绳切断和眼环插接准确、熟练程度一般（12 分）； ④ 操作中个人安全保护正确、钢丝绳切断和眼环插接较差（8 分）； ⑤ 钢丝绳切断和眼环插接差（4 分）； ⑥ 不能完成钢丝绳切断和眼环插接（0 分）。 满分 20 分，参考以上标准评分。若本项成绩不足 12 分，则整个水手工艺模块总评成绩为不及格。

项目 3 撇缆操作（20 分）

评估内容	撇缆操作
评估要素	① 能用"船舶式"或适宜船舶生产环境要求的撇缆方法； ② 在 10 分钟内连续撇投 3 次； ③ 其中一次撇投落点在 25 m 及以上距离的有效范围内； ④ 撇投者在进行撇头操作时,除手臂外身体其他部位不得超出撇投区； ⑤ 个人安全保护正确。

评估内容	撇缆操作
评分标准	① 注意操作中的安全注意事项,撇缆姿势正确、有效,规定的时间内,撇投距离 25 m,且落点在有效范围之内(20 分); ② 注意操作中的安全注意事项,撇缆姿势正确、有效,在规定的时间内,撇缆距离 35 m 及以上,但落点偏离有效范围在 1 m 之内(15 分); ③ 注意操作中的安全注意事项不够,或撇投姿势不正确,或身体其他部位超过规定区域,或超过规定时间,或撇投距离小于 25 m,或撇投落点不符合规定的范围内(0 ~ 11 分)。 满分 20 分,参考以上标准评分。若本项成绩不足 12 分,则整个水手工艺模块总评成绩为不及格。

4. 常用编结、三股绳插接的方法、用途和船体保养(40 分)
(4.1、4.2 任选一项,4.3、4.4、4.5、4.6 任选一项)

项目 4.1　常用编结的插接方法和用途(20 分)

评估内容	常用编结的方法和用途
评估要素	① 正确迅速; ② 牢固紧密; ③ 平整美观; ④ 绳尾适宜; ⑤ 用途清楚。
评分标准	① 编结的打法正确迅速,牢固紧密,平整美观,绳尾适宜,操作熟练,用途回答正确(20 分); ② 编结的打法正确迅速,牢固紧密,平整美观,绳尾适宜,操作比较熟练,用途回答基本正确(16 分); ③ 编结的打法正确,各花股不太紧密,熟练程度一般,用途回答较正确(12 分); ④ 编结的打法较差,各股松散严重,绳尾过长,用途不明(8 分); ⑤ 编结的打法差(4 分); ⑥ 不能完成编结(0 分)。 满分 20 分,参考以上标准评分。

项目 4.2　三股绳插接的方法和用途(20 分)

评估内容	常用编结的方法和用途
评估要素	① 插接得起头方法正确; ② 插接股纹平正紧凑; ③ 眼环大小符合要求; ④ 尾留存适宜。

评估内容	常用编结的方法和用途
评分标准	① 三股绳插接的插法正确,符合评估要素的要求,操作熟练,用途回答正确(20分); ② 三股绳插接的插法正确,插接的起头方法正确,插接股纹不够平顺、紧密,用途回答基本正确(16分); ③ 三股绳插接的插法正确,插接的头不够紧密,插接股纹不够平顺、紧密,用途回答基本正确(12分); ④ 三股绳插接的起头错误,插法较差,用途回答较差(8分); ⑤ 三股绳插接的插法差(4分); ⑥ 不能完成三股绳插接(0分)。 满分20分,参考以上标准评分。

项目 4.3　除锈作业(20分)

评估内容	除锈作业
评估要素	① 手动除锈工具(敲锈锤、铲刀、钢丝刷)的操作使用技能; ② 机械除锈工具(气动工具、电动工具)的操作技能; ③ 除锈作业的安全保护及安全注意事项。
评分标准	① 正确使用工具,各种工具操作技能训练,安全保护,安全操作工艺正确(20分); ② 正确使用工具,个别工具操作技艺不太熟练,安全保护、安全操作工艺正确(16分); ③ 操作准确,个别工具操作技艺不太熟练,安全保护、安全操作工艺稍有疏忽(12分); ④ 操作较差,不会正确的操作使用除锈工具,没有注意安全保护以及安全操作工艺(8分); ⑤ 操作差(4分); ⑥ 不能完成操作(0分)。

项目 4.4　油漆作业(20分)

评估内容	油漆作业
评估要素	① 手工油漆作业工具的操作工艺技能(滚刷、扁刷、弯头刷、笔刷等); ② 操作工艺的三顺(顺水、顺光、顺纹); ③ 油漆涂盖厚度、严密、镀层的时间间隔; ④ 油漆作业的安全保护。

续表

评估内容	油漆作业
评分标准	① 正确操作使用油漆作业工工具,操作技能熟练,熟悉油漆作业的操作技能要求,安全保护合理得当(20分); ② 正确操作使用油漆作业工工具,操作技能比较熟练,熟悉油漆作业的操作技能要求,安全保护合理得当(18分); ③ 正确操作使用油漆作业工工具,操作技能一般,油漆作业的操作技能要求操作一般,安全保护合理得当(12分); ④ 不能够正确操作使用各类油漆作业的工具或操作工艺不会,安全保护不够(4分); ⑤ 操作较差(4分); ⑥ 不能完成操作(0分)。

项目 4.5　高空作业的正确操作方法及安全防范措施(20分)

评估内容	高空作业的正确操作方法及安全防范措施
评估要素	① 高空作业前的安全检查(绳索、滑车、安全带、用具、安全保护用品等)和准备; ② 各类特殊操作的技能操作; ③ 上高作业的攀登; ④ 各类防范措施。 注:特殊操作指大桅滑车的系结、单人座板升降结的系结、安全带的佩戴等
评分标准	① 高空作业前的安全检查严格正确,各类特殊操作正确、牢固、熟练,上高攀登安全正确、稳当,各类安全防范措施得当(20分); ② 高空作业前的安全检查严格正确,各类特殊操作正确、牢固、比较熟练,上高攀登安全正确、稳当,各类安全防范措施得当(16分); ③ 高空作业前的安全检查严格正确,各类特殊操作正确、牢固、操作工艺一般,上高攀登安全正确、不十分稳当,各类安全防范措施得当(12分); ④ 没有进行正确的安全检查,各类特殊操作有误,安全防范措施不当(8分); ⑤ 操作较差(4分); ⑥ 操作差(0分)。

项目 4.6　舷外作业的正确操作方法及安全防范措施(20分)

评估内容	舷外作业的正确操作方法及安全防范措施
评估要素	① 舷外作业前的安全检查(绳索、架板、滑车、其他用具、安全保护用品等)和准备; ② 各类特殊操作的技能操作; ③ 舷外作业利用软梯或绳索下低进入架板的技能; ④ 各类防范措施。 注:特殊操作指固定滑车、架板结、架板升降结、安全带的佩戴等

续表

评估内容	舷外作业的正确操作方法及安全防范措施
评分标准	① 舷外作业前的安全检查正确,注意了绳索、架板、滑车及其他安全保护用品的检查,各类特殊操作的技能操作正确,下底进入架板的技能正确,各类防范措施得当(20分); ② 舷外作业前的安全检查正确,注意到了绳索、架板、滑车及其他安全保护用品的检查,但不够认真;各类特殊操作的技能操作正确、熟练,下底进入架板的技能正确、熟练,各类防范措施得当(16分); ③ 舷外作业前的安全检查有疏漏,经指正后能立即纠正,各类特殊操作的技能操作一般,进入架板的技能比较一般,各类防范措施得当(12分); ④ 没有很好地进行安全检查,安全防范措施不当,操作技艺不正确(8分); ⑤ 操作较差(4分); ⑥ 操作差(0分)。

三、评估方法

3.1 评估形式

(1)评估员根据评估内容组成题卡由考生抽选进行评估;

(2)考生根据要求进行实操并回答评估员的问题。

3.2 成绩评定

3.1、3.2、3.3项须及格,否则本评估不及格。满分100分,60分及格。

3.3 评估时间

评估时间不超过60分钟。

附　　录

附录一

常见航海国家国旗

韩国　印度尼西亚　越南　马来西亚
泰国　塞浦路斯　日本　荷兰
法国　丹麦　波兰　意大利
英国　美国　西班牙　德国
俄罗斯　埃及　利比里亚　新西兰
澳大利亚　巴拿马　加拿大　古巴
阿根廷　智利

附录二

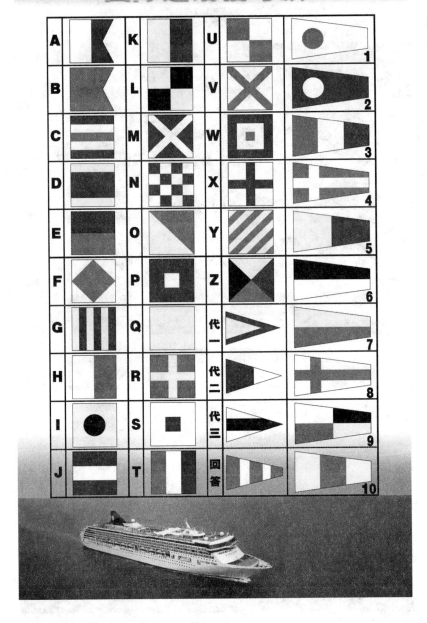

国际通语信号旗